樂律

破解幼兒「敏感期」

柳豔麗 著

讀懂行為背後的需求！

感官訓練 × 情緒釋放 × 情感認知 × 強化記憶……
循序漸進的早期教育，塑造健全人格及全方位潛能！

亂啃東西、缺乏約束力、學會說謊、叛逆拒學……？
11 個成長「敏感期」，讀懂孩子的每個關鍵瞬間！

培養 90%的內在潛力 × 激發潛能的成長關鍵

關於幼兒成長期間的脫序行為，
父母該知道的科學養育法！

目錄

前言

家長是最愛孩子的人，是孩子的守護者，也是孩子人生的第一位老師。孩子的成長與一言一行，甚至是細微的情緒變化都是家長無比關注的事情。

為什麼孩子愛吃手、愛把玩具塞到嘴裡，還吃得津津有味呢？為什麼孩子突然喜歡接電話，還和家長搶電話？為什麼孩子變得執拗，偏要自己穿衣服，偏要先穿上衣再穿褲子？你想幫他穿，他偏不要？為什麼孩子對觀察螞蟻情有獨鍾，趴在地上，一觀察就是半個小時？為什麼孩子變得固執、叛逆，你說什麼他都會拒絕呢？為什麼孩子一開始很愛讀書、寫字，可越來越討厭讀書，一說到寫作業就垂頭喪氣？凡此種種，都是什麼原因呢？

家長的心裡一定有很多困惑，感覺孩子就像是一個無法解開的謎。有的會耐心地了解和分析孩子的行為，從而走進孩子的內心；有的則做不到這一點，看到孩子哭鬧，首先想到的就是制止、訓斥，看到孩子表現出「不乖」或「奇怪」的行為就會責備、管束。這樣不僅違背了孩子的天性，家長覺得煩躁、疲憊，孩子的內心也痛苦，還為將來的成長留下隱患。

事實上，家長眼裡那些「不乖」或「奇怪」的行為，那些「錯誤」和「可笑」的行為，都源於一個特殊而又關鍵的因素——敏感期。

敏感期，是義大利教育家瑪麗亞·蒙特梭利（Maria Montessori）最先提出的，並且給出了自己的定義：所謂的敏感期，是指在 0 到 6 歲的成長過程中，兒童受內在生命力的驅使，在某個時間段內，專心吸收環境中某一事物的特質，並不斷重複實踐的過程。

換句話說，在某個時期，孩子會有某種強烈的行為，對某件事有強烈的興趣和欲望。比如，行走的敏感期，孩子會不斷行走、奔跑、爬高、跳躍，以發展雙腳、雙腿的能力；模仿敏感期，孩子會酷愛模仿父母、小朋友、陌生人，模仿卡通裡的人物、臺詞、情節，模仿各種動物的叫聲與行為。

敏感期是自然賦予孩子的生命助力，既是持續的，也是短暫的。如果在這段時間內，家長及時加以引導和訓練，刺激敏感期得以充分發展，孩子便可以輕鬆地獲得各種能力。但若是家長沒有注意到敏感期的到來，或是讓孩子的內在需求和渴望無法滿足，孩子就會喪失學習的最佳時機，之後不管怎麼努力，成果也會大打折扣。更為關鍵的是，這會對孩子的內心造成傷害，甚至對於孩子的性格、心理發展也會帶來不良影響。

所以，在這裡我特別提醒所有家長，教育孩子不能只看表面的東西，而是應該了解孩子，探究孩子行為背後的原因；了解和重視孩子成長過程中的大大小小敏感期，讓他在敏感期裡自由、努力且充分地發展各項能力。同時，家長要給予孩子正面的引導和訓練，提供最有價值的陪伴和幫助，提供最優越、有利的環境。

在本書中，我著重從感官刺激敏感期、語言組織敏感期、動作協調敏感期、公共秩序敏感期、行為習慣敏感期、社交意識敏感期、自我意識敏感期、事物興趣敏感期、閱讀體驗敏感期、文學學習敏感期、叛逆拒學敏感期等方面著手，列舉不同敏感期孩子的行為表現、心理特徵，希望幫助家長們了解孩子的敏感期。

我相信，透過一個個生動有趣的小故事，淺顯易懂的分析和講解，家長們一定會領悟到敏感期教育的真正意義，幫助孩子順利度過成長過程中的每一個敏感期。

第一章
錯過成長敏感期，
孩子 90%內在潛能將被封印

蒙特梭利說，在孩子的敏感期，他們會對某些東西和運動表現出強烈而非凡的興趣，當敏感期達到一定高度時，就好像聚光燈在照亮一些東西，使其他東西處於陰影中。錯過成長敏感期，孩子身體、智力、情緒、心理、感覺等方面的正常發展就很可能受到破壞。

蒙特梭利發現，成長敏感期才是孩子成才的關鍵

生命是奇妙的，孩子從呱呱落地到會走路、說話、吃飯，再到遊戲、運動、學習、與人社交等一切行為活動都是從無到有、從懵懂到熟練。這就是成長，就是孩子開始生命歷程的一步步探索和適應。

在成長的過程中，孩子會對外界的刺激產生一種特殊的、敏銳的感受力，會對某一個行為、某一事物產生極大的興趣或生理的反應，更會使某一能力得以充分發展，比如聽覺、視覺、學習、社交等，這就是我們所說的成長敏感期。

成長敏感期是由義大利教育家瑪麗亞·蒙特梭利最先發現的，她認為這是教育孩子、發展某些技能的關鍵期，是孩子內在生命力的驅動，對孩子的成長至關重要。若是家長不重視孩子的成長敏感期，在相應的階段沒有刺激或鍛鍊某種技能，那麼在將來就很難再發展，或是存在著缺陷。

舉個例子，一般情況下，0 到 6 歲是孩子的語言組織敏感期。這個階段若是沒有接受適當的語言訓練，語言表達受到限制，那麼他內心的動力和渴望就會逐漸減退，嘗試和學習的動力就會消失。當對語言的敏感期消失後，這個關鍵敏感期就錯過了，孩子就可能變得少言寡語、不善表達，甚至

產生語言表達障礙。

我遇到過這樣一個孩子，三四歲時非常喜歡說話，不管在家裡還是外面都劈哩啪啦地說個沒完。而且小嘴非常甜，每次和媽媽外出，見到我都會禮貌地問好，「阿姨好」、「阿姨再見」。我和她媽媽聊天時，她也會在一旁參與，是個十分討喜的小朋友。

可一段時間後，我發現原本活潑可愛、能說會道的她不見了，變得不喜歡講話，不願與人交流。開始，我以為孩子是心情不好，後來發現根本不是那麼回事。她是想說，但又不敢說。我和她媽媽說話，說到她的問題，她總是想說什麼，可又放棄了。

經過了解，我才知道原因：原來這一段時間，孩子非常愛插嘴，爸爸媽媽在談論事情，她便在一旁插話，「媽媽，你們在說什麼？」、「是說爸爸的工作嗎？」媽媽在和朋友打電話，她也在一旁插話，「媽媽，你和誰打電話呀？你們在說什麼呀？」、「明天是週日，你們要出去玩啊？」

儘管媽媽多次責罵她「大人說話，你不要插嘴，這是不禮貌的」、「你怎麼這麼多話」，可效果並不好。這個孩子總是愛插話，不管身邊誰在交流，不管人家說什麼事情，她都要問一問，插兩句。面對這種「不禮貌」的行為，孩子的媽媽感到很無奈，為了讓孩子改掉這個壞習慣，一直訓斥、責備。

又過了一段時間，媽媽的「管教」終於見效了，這個孩子不再亂插話。

可這個結果真的好嗎？並非如此。孩子失去表達欲，即便大人和她說話，也不願搭理，即便與同齡人在一起，也不再願意表達。

其實，孩子愛插話，是因為對語言敏感，有好奇心和強烈的表現欲，想表達自己的想法，迫不及待地想解決內心的「疑問」。這是語言敏感期最為尋常的表現之一，只要家長能正面引導，耐心與孩子溝通，孩子便可以適當地表現，同時也能更從容地表現自己。

一般來說，孩子的語言組織敏感期從他開始牙牙學語就開始了。1 歲左右，他會模仿大人說話的嘴型、聲音，發出咿咿呀呀的聲音。慢慢地，他會模仿各種動物的叫聲、各種東西的響聲，開始學會母語。3 歲左右，孩子學會各種日常生活用語，學會與人交流，學會自主思考、表達自己等。

語言組織敏感期是一個漫長的過程，也是孩子成長過程中最為重要的時期。若是不能刺激孩子的語言敏感力，提供良好的教育和訓練，那麼對孩子將產生很多不良影響。我碰到的這個孩子便是如此，家長認知偏誤，不僅不重視培養孩子的語言敏感力，反而加以制止，結果讓孩子錯過了這個關鍵敏感期。

除了語言組織敏感期，孩子還將經歷下面幾個敏感期，即感官刺激敏感期、動作協調敏感期、公共秩序敏感期、行為習慣敏感期、社交意識敏感期、自我意識敏感期、事物興趣敏感期、閱讀體驗敏感期、文學學習敏感期、叛逆拒學敏感期等。

每個敏感期，孩子的敏感力不同，接受某種刺激的能力也有所不同。但不管怎樣，只要家長能意識到敏感期的存在，適時給予孩子正確的教育和引導，就可以促進孩子各方面能力的成長。相反，若是家長沒能及時抓住孩子的敏感期，只從自身角度出發，一味對孩子進行管制、打壓，就會讓孩子錯過人生中最重要的成長爆發點。

比如，把孩子口腔期的吃東西、咬東西當作壞行為，為了所謂的乾淨、衛生而一味制止；把孩子愛爬高、亂塗鴉的行為當作是調皮、搗亂，不分青紅皂白就責罵；把孩子自我意識發展當作自私，強迫孩子分享；干涉孩子的興趣愛好等。這樣錯誤的教育，無疑會讓孩子的成長受限。

在孩子 0 到 6 歲期間，有大大小小十幾個敏感期。6 歲之後還有幾個重要的敏感期。忽視孩子的敏感期，必將對其未來產生很多的負面影響，到那個時候家長後悔也晚了。

所以，在孩子成長的過程中，多一些細心、耐心、關心和愛心，抓住孩子生命中這幾個關鍵成長敏感期，再加上精心呵護、引導、支持，那孩子必將如同鮮花般盡情綻放、芳香四溢。

那些敏感期「發育不良」的孩子，現在都怎麼樣了

敏感期得到充分發展，孩子身體健康、頭腦聰明、心理健康。而敏感期「發育不良」，孩子的成長很可能跌跌撞撞，未來或許存在很多問題。

前段時間朋友與我聊天，談到她認識的一個男孩，不擅於與人相處，性格孤僻、內向，甚至有些社交恐懼症。男孩曾說：「我渴望與人和諧相處，渴望像其他人一樣在公眾場合侃侃而談。然而我知道這對我來說太難了，我不知道如何開口，時常想開口又退縮。」男孩處於矛盾的煎熬中，生活不快樂，工作上也不順利。

但男孩這孤僻的性格，並不是天生的。在性格發育的關鍵時刻，在社交意識發展這一關鍵敏感期，他經歷了孤獨、冷漠對待、親情缺失，於是一點點封閉了自己的心。朋友說，這男孩的父母在他 5 歲時就離婚了，媽媽一個人帶著他生活。因為要養活兩個人，媽媽總是早出晚歸，加班加點地工作，早早就把他送進幼兒園，很晚才接他回家。因為每天身體都很疲憊，於是便希望他能安安靜靜的，要求他不要太調皮、不要到處跑，幾乎很少和他交流、談心。

幼兒園舉行一些親子活動，媽媽沒有時間參加，也沒有

心思參加。於是，男孩總是一個人坐在板凳上，看著其他孩子與父母歡樂地進行遊戲。週末的時候，媽媽沒有時間休息，男孩便一個人在家，玩遊戲、看電視，吃媽媽留下的麵包和飯菜。

男孩沒有機會到戶外，沒有機會和同齡孩子玩耍，更缺少父母的陪伴。同時，男孩爸爸對他也很冷漠，幾乎很少關心他，更很少來看他。慢慢地，男孩越來越自卑、孤僻，不願意和別人交往，更不願意和媽媽說話。之前，媽媽回到家，他總是非常興奮，纏著媽媽說這說那，還會替媽媽準備水，然後幫媽媽捶背。現在他跟媽媽關係也很疏離，幾乎不親近、不交流。上國小國中，他不合群、不願與人交流，幾乎沒有一個朋友。不管在任何場合，他好像是一個局外人，一個人站在旁邊看著別人開心說笑。

聽了孩子的故事，我真的非常難過。因為父母的過錯，孩子錯過了最關鍵的敏感期，在性格上存在缺陷，在人格上不成熟，這是多麼可惜啊！

或許有人會說：「這個媽媽很無奈，需要努力賺錢，養活自己和孩子。哪有那麼多精力陪伴孩子？哪有那麼多心思關注什麼敏感期？」沒錯，我不否認，孩子的媽媽是愛他的，無奈之下才不去參加親子活動，把孩子一個人放在家裡。可這不是她忽視孩子、對孩子冷漠的理由！送孩子上幼兒園的路上，囑咐和關心幾句；接孩子放學的途中，詢問孩子有什麼有趣的事情；回家之後，多和孩子溝通，鼓勵他多交一些朋友，孩子的內心就不會如此孤獨。

在此期間，孩子內心最大的渴望和需求就是情感，這個情感包括與媽媽的親情，與朋友的友情。當這種情感無法被滿足時，內心就會受到巨大傷害，不再願意與人交往，不再願意相信任何人。儘管他內心渴望被關心，渴望親情和友情，但因為缺乏安全感，再加上不知道如何與人溝通，便會敏感、冷漠，甚至是暴躁。即便成年之後，他能調節自己，能慢慢地與孤獨和解，可依舊敏感、孤僻，很難與人親近，也很難結交到朋友。

在成長敏感期，一個看似不大的錯誤，對孩子的一生就是很大的傷害。所以，家長一定要關注孩子的成長敏感期，千萬不要因為疏忽大意，讓孩子的敏感期「發育不良」。

萬物都有自己的成長季節，你錯過了這個季節，就很難彌補了。對孩子的教育也是如此，不管是感官刺激敏感期，還是公共秩序敏感期，抑或是文化學習敏感期，往往很快就過去了。

很多家長認為，錯過了敏感期，之後再彌補不就行了嘛！是的，錯過敏感期，並非不能補救，一旦有了環境刺激，敏感期還會再次出現。比如錯過了 2 歲前後的運動敏感期，可以在 3 歲這個階段彌補。然而，隨著孩子的年齡成長，敏感力會相應減弱，彌補之後也可能出現問題。

更何況 2 歲時彌補 2 歲前的，3 歲時彌補 3 歲前的，越累積孩子的不足就越多，越往後彌補的難度也就越大。尤其是孩子 6 歲後，錯過了敏感期，基本上就很難彌補了。直到長大，這個不足也會一直跟隨著孩子。

如果你不想自家孩子如前面那個男孩一樣，除了愛和自由，同時還需要耐心地教育和引導，幫助孩子度過各個敏感期。

敏感期因而人而定，線索全在孩子的言行舉止之中

沒有一朵白雲是形狀相似的，孩子的性格、興趣、愛好、生活環境也都不盡相同。於是我們時常說，每個孩子都是獨一無二的個體，都是與眾不同的存在。那麼，在敏感期這個問題上，不同的孩子是否存在差異呢？

答案是肯定的。敏感期在一個孩子身上表現出一種形式，在另一個孩子身上則表現出完全不同的形式。就拿秩序敏感期來說吧，一個孩子可能堅持嚴格的起床、睡覺時間，一個孩子就可能更注重物品的擺放，絕不允許別人把自己的東西弄亂，而另一個孩子則在意做事情的順序，還有的孩子多種情況兼有之。

而考量孩子是否到了秩序敏感期，家長需要細心地觀察，抓住孩子言行舉止的特徵、細節、規律，而不是想當然地認定——秩序敏感期的孩子應該是這樣的，我家孩子沒這個表現，就是沒有進入敏感期。

前段時間看過一個影片：一個 2 歲左右的孩子正在吃飯，媽媽為他準備了牛肉、蛋捲、白飯、豆芽。這些食物有序地擺在盤子裡，孩子一個一個按照順序吃，先吃牛肉，再吃蛋

捲，然後是白飯。此時，爸爸或許擔心孩子不吃豆芽，便把豆芽和白飯混在一起，然後對孩子說：「飯和菜一起吃……」可這句話還沒說完，孩子便大哭起來，不願意繼續吃飯。

爸爸板著臉，說：「好好吃飯，不許再胡鬧了！」

媽媽解釋說：「孩子可能進入敏感期了，不想你打破他的吃飯順序。」

爸爸不以為然地說：「哪裡是這樣？我已經看了資料，人家孩子都是更重視生活規律、物品擺放，他就是不愛吃豆芽，就是在耍脾氣！」

媽媽繼續說：「為什麼你家孩子一定和人家孩子一樣呢？敏感期是因人而異的。」說完，媽媽把這些飯菜倒入自己碗中，然後再為孩子準備了白飯、豆芽，孩子隨即就停止了哭鬧。接下來，孩子還是按照順序吃飯，吃完了白飯之後，吃掉了豆芽，然後心滿意足地打了一個大飽嗝。

這個孩子注重做事的順序，想要維持自己的秩序感，當爸爸把食物混在一起時，他感覺自己的秩序感被打破，便出現了激烈的反應。這個行為雖然與其他孩子不同，但就是進入敏感期的表現。

再看看另一個孩子，他的表現又有區別了。

一個朋友帶著孩子到外婆家玩，聊天的時候，朋友坐在外婆的專屬搖椅上。誰知，孩子竟然大聲哭鬧起來，一邊喊著「你不要坐，你不要坐」，一邊拉著朋友的手，試圖把朋友拉起來。

朋友和孩子外婆都以為是孩子自己想要坐，便耐心地說：「寶寶乖，媽媽有些累了，坐一下再讓給你，好嗎？」可孩子根本不聽，說什麼都要讓朋友起來。這時，朋友有些生氣，訓斥道：「你這孩子怎麼這樣霸道，太過分了！」然後就生氣地站了起來。

孩子立即停住哭聲，拉著外婆坐下來，說道：「外婆坐，外婆坐。」這時，朋友才明白孩子這是到了秩序敏感期，在他的意識裡，搖椅就是外婆的，誰也不能坐。朋友打破了這個秩序感，所以他才會哭鬧不止。

透過這兩個例子，家長們是否明白了？沒錯，同為敏感期，孩子有很多相同的心理特徵、行為表現，但是每個孩子的行為還是有區別的，有鮮明的個人特色。我們不能一概而論，不能只看到普遍性，而忽視了個別性。只有做到細心地觀察，對孩子的一言一行進行分析，準確地捕捉到敏感期的到來，然後給予正確、及時的引導，這樣才能促進孩子的健康成長。

當然，除了行為表現上的差別，不同孩子進入敏感期的時間也是不同的。一般來說，孩子在 3 歲半左右會對書寫產生敏感，在4歲半左右會對閱讀產生敏感，然後進入閱讀體驗敏感期。若是家長能儘早培養，教孩子書寫、閱讀，讓他發現書寫、閱讀的樂趣，那麼敏感期往往就會提前。另外，若是孩子在文字方面有天賦，書寫、閱讀的敏感力就會比其他孩子更強，敏感期就比其他孩子更早到來。

教育是因人而異，不可複製，更不能模仿的。對於不同性格的孩子，我們應該採取不同的教育方式，讓他們都能綻放各自的光彩。同樣，我們也要多了解孩子，多與孩子交流，發現和接納他在敏感期中行為、時間的差異，然後給予足夠的空間和自由，給予及時、正確的引導。

緊抓敏感期，也要給孩子自由發展的權利

敏感期是孩子自我發展的突破期，只有給予足夠的愛和自由，孩子才能得到足夠的安全感，自覺地在各個發展點上探索、努力，進而得到更好的自我發展。這就意味著，家長應該提供一個良好的環境給孩子，或是給予相應的引導、幫助，讓孩子的敏感力達到一個高度，進而使得身心、情感、欲望得到最大的滿足。

這一點很多家長都懂，也想盡辦法不錯過每一個關鍵的敏感期。可我還是發現很多家長或許是因為急功近利，不了解孩子的需求，慢慢地步入了教育的錯誤。一開始，家長們的想法很簡單 —— 緊抓敏感期，啟發孩子的能力和天賦。但走著走著，引導和幫助變成了強迫和管束，支持和激勵也變成了否定、訓斥，然後導致結果適得其反。

我所在的社區，有一個 5 歲左右的女孩名叫童童，原本屬於放養的狀態。童童媽媽時常帶孩子到外面玩，包括社區廣場、公園、遊樂場，母女兩人都樂得自由自在。可最近我很少見母女兩人外出，也很少在社區廣場見到她們，心裡感到一絲疑惑，還以為她們一家搬走了。

前日，回家的途中再一次偶遇童童和她媽媽，便詢問其

原因。童童媽媽說：「哎，沒什麼，最近我們都在家閱讀呢，我才剛到書局幫她買了一些繪本，讓她好好地讀一讀。對了，你家孩子經常看繪本嗎？」

我回答說：「對啊，小時候我就經常讀給她聽，現在已經長大了，會看一些故事書。」

童童媽媽好像很懊惱，說道：「你看看，是吧？本以為孩子上國小前只要好好玩就可以了，但前幾天我才知道孩子四五歲就進入了閱讀敏感期，得好好地引導和培養。那些儘早引導的孩子，已經閱讀了幾百本繪本，還會背誦唐詩、〈千字文〉等，養成了愛讀書的好習慣。再回頭看看，我家孩子除了在幼兒園讀一些繪本，幾乎沒讀過什麼書。我的教育真是失敗，差點讓孩子錯過了這個最重要的敏感期。」

我點著頭說：「是的，閱讀敏感期確實很重要。」

聽了這話，童童媽媽看著童童，罵道：「聽聽，阿姨也這樣說。你已經比別人落後了，還不抓緊時間？讓你看繪本，你卻嚷嚷著出來玩，一不注意你就玩起遊戲了。從今天起，你必須在家閱讀繪本，然後再背唐詩，不許出來玩，不許看電視。」

聽了童童媽媽的話，我覺得有些不妥，重視孩子閱讀是可以的，但不能強迫，也不能剝奪孩子玩的權利。於是我委婉地說：「其實，你也不用著急，可以慢慢來……」

可話還沒說完，童童媽媽便說：「不著急怎麼行，她已經比別人落後了！我要是不嚴格點，她怎麼養成愛閱讀的好習慣？不愛上閱讀，之後上學就更麻煩了！」說完，她就拉著童童走了。

童童會愛上閱讀，養成良好的閱讀習慣嗎？答案是否定的。原因很簡單，媽媽的管束和強迫，讓她失去了自由和自主選擇的權利，媽媽的否定和訓斥讓她傷了自尊，失去了對閱讀的興趣和欲望。之後，童童很可能厭惡閱讀、逃避閱讀，還可能在將來產生一定的閱讀障礙。

其實，這不是我「危言聳聽」。無數教育成功和不成功的例子都說明一個道理：只有在自由的家庭，孩子的各種興趣和需求才能得到滿足，孩子才能變得更加獨立、自信、自律、自強，擁有自己的思想、意志和判斷力，從而使得各種人格特徵自然呈現，順利地度過敏感期，獲得更好的發展。若是家長的教育讓孩子失去自由，被強迫、被管束、被推著往前走，那麼家長被埋怨是小事情，孩子失去自主、獨立的能力，心理出現問題才是大麻煩。

家長應該緊抓孩子敏感期，促進其各種能力的充足發展，但是也要給孩子自由的成長空間，讓孩子去做自己喜歡做的事情，自己思考和決定如何去做。怕孩子受傷，很多東西都替孩子做、為孩子代辦，這或許可以減少很多危險，卻造就了孩子的無能。為孩子著想，極力促進孩子發展閱讀、音樂、舞蹈等興趣，想辦法督促孩子學習學習再學習，不僅對其能力培養無益，還可能影響孩子的身心健康。同樣，在孩子的成長過程中，家長若是把自己的意願強加給孩子，打著「為你好」的旗號讓孩子做出違背內心的選擇，即便他的能力有所提升，但精神是否獨立、人格是否成熟也是一個未知數。

著名的兒童心理學家曾經說：「兒童的心靈是一個神祕的深淵，照料他的成人並不了解它。當我們不了解的時候，讓我們懷著敬畏之心，給他們愛和自由。」對於孩子來說，愛與自由是最重要的，在成長敏感期，孩子被賦予了一種特殊的情感和欲望，這促使他對某件事情有強烈的熱情，把全部精力都集中在這個事情上。可這一切的前提是，孩子的探索、嘗試與努力是自覺的、心甘情願的，而不是被別人教的、強迫的。

換句話說，在敏感期的孩子對某件事有好奇心和熱情，可這種情感首先是無意識的。一旦遇到家長的不當教育，這熱情之火就會被熄滅，甚至會產生一種反方向的力量。

所以，在孩子發展的敏感期，家長可以做孩子的引導者、參謀者和鼓勵者，千萬不能做掌控者和管束者。給孩子多一些自由的空間和自主選擇的權利，特地去呵護和引導，同時教會孩子自律、自制、自我管理，這樣一來才能提高孩子各方面的能力，幫助孩子順利度過敏感期。

第二章
感官刺激敏感期：
啟發孩子的認知與感受力

孩子從出生起，就進入了感官刺激敏感期，會藉助聽覺、視覺、味覺、觸覺等來了解和感知這個世界。隨著年齡的增長，他的感官認知和分析能力逐漸成熟，對環境和各種事物有了判斷，同時充滿了好奇心和探索欲。

視覺敏感期，合理激發孩子的視覺感知力

剛出生的嬰兒，雖然視力發展還未健全，可對光線很敏感。受到強光的刺激，他會感到害怕，立即閉上眼睛，或是扭過頭去。看到柔和的光線，他又會被吸引，盯著光線看好半天，還會用小手去抓。小傢伙好像在和光線捉迷藏，一下子躲避，一下子追逐，一下子又嘗試抓取，很是意思。

幾個月大後，孩子就會對明暗光線非常敏感，如果能夠從不同角度來看不同的光線，他就會更加興奮。他喜歡對比光線，喜歡黑白相間的或斑斑駁駁的影子。這個時期，家長可以讓孩子看柔和的燈光、斑駁的陰影，也可以利用黑白圖卡來刺激他的視覺敏感性。

或許很多家長抱有懷疑態度，對這麼小的孩子進行視覺教育，真的有必要嗎？而且持有這種觀點的人並不少，其中不乏年輕的家長。我的一位朋友莉莉，最近就和我分享了自己的苦惱，說自己孩子的爸爸和奶奶對視覺教育有些認知偏誤，而她不知道如何說服。

莉莉是一位新手媽媽，寶寶剛出生一個多月，她看過很多相關書籍，意識到早期教育對寶寶的重要性。於是，她網購了幾本黑白圖卡和彩色圖卡，每天都擺在寶寶眼前，對寶

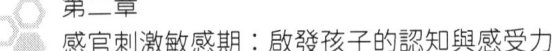

寶進行視覺教育。可孩子的爸爸和奶奶都覺得她的做法很可笑，說：「孩子還那麼小，哪裡懂得看東西？」

莉莉解釋說：「專家說了，儘早對孩子進行視覺上的刺激，可以開發孩子的視覺，讓寶寶的大腦發育得更好，將來智力會更高。」

可孩子爸爸依舊不以為然，還取笑她說：「專家說的就對嗎？你這就是自欺欺人。孩子的成長發育都是自然的，到了一定年齡，視覺自然就會發展了。你看，我們之前也沒有什麼早期教育，視力、聽力、大腦發育不也是很好嗎？」

身為家長，如果你也是這樣想的，那就錯了。沒錯，孩子的視力會自然發展，但在視覺敏感期，若是能主動地去開發、訓練，孩子就會更快、更全面地藉助視力來熟悉和認識周圍的環境。

同時，嬰兒在剛出生時，大腦還處於建構的過程，任何一種感覺的形成都需要接受一定的刺激，才能正常地發育和發揮作用。視覺是其他感覺的基礎，只有儘早刺激視覺，孩子的聽覺、觸覺、嗅覺才能更早發育、更直接、更敏銳，大腦發育才能更好。

我建議莉莉說：「說服其他人是很難的，其實你完全沒必要說服他們。只要你自己能做好早期教育，那孩子就會受益匪淺。」

之後，雖然受到孩子爸爸和奶奶的反對，可莉莉依然沒有放棄對寶寶的視覺訓練。她每天都讓孩子看黑白圖卡，一段時間後，孩子的視線會跟隨圖卡移動，而且一看到圖卡就非常高興。過了幾個月，寶寶開始對彩色圖卡感興趣，喜歡五彩繽紛的東西，看到紅色窗簾飄動就手舞足蹈。於是，莉莉興高采烈地買來一些彩色氣球，掛在孩子的床頭。

莉莉還在育兒書上學到了幾個簡單的小遊戲，來訓練孩子的視覺敏感力。她用手蒙住寶寶的眼睛，然後慢慢地移開，過一下子又蒙住寶寶的眼睛，如此反覆，孩子高興地呵呵笑了起來。她還準備了一支手電筒，用一塊紗布包住，晚上把燈關掉，打開手電筒，然後把光線投射在房頂，慢慢地移動手電筒。寶寶的眼睛一直追隨著光源，一邊追隨一邊笑，玩得不亦樂乎。

她還找來幾張舊光碟，時不時拿出來和寶寶玩。寶寶只要看到光碟就很開心，還會專注地看，一看就是幾分鐘。這是因為光碟會呈現出不同的顏色。這極大地吸引了寶寶的注意力，刺激了寶寶的視覺敏感。

莉莉堅持對寶寶進行視覺訓練，而寶寶的發育也非常好，比其他孩子有更強的認知力。看了莉莉的做法，你還認為對孩子進行視覺教育沒必要嗎？

可以說，孩子一出生就進入了視覺敏感期，持續到 2 歲半左右。對孩子來說，這是第一個敏感期，也是他成長的第一個重要時期。如果家長能抓住這個敏感期，儘早培養孩子的視覺敏感性，就會讓孩子更好地認識自己、認識世界，並為日後其他方面的發展打下良好基礎。可若是家長忽視這個敏感期，不重視孩子視覺力的刺激和訓練，就可能害了孩子。

那麼具體來說，如何培養孩子的視覺能力呢？

對於剛出生的寶寶，黑白色比彩色更有吸引力，因為此時他的視覺發育並不完善，不能辨識色彩鮮豔的東西。同時，孩子對複雜的圖案沒有辨識能力，只能辨識簡單的圖案，比如正方形、圓形。家長可以給孩子看大面積的黑白棋盤，刺激他的視覺敏感。等孩子大一些，對複雜圖案的對比度變得更敏感，家長可以給他看面積比較小的棋盤，或是圖形的邊緣。

到七八個月時，家長可以學習莉莉，利用彩色氣球、光碟來訓練孩子，還可以利用手電筒玩追逐光源的遊戲。這些小遊戲可以訓練孩子的視覺感知能力，提升孩子的反應能力。不過，我們需要注意的是，遊戲玩幾分鐘就足夠了，一旦孩子不再感興趣，或是表現出煩躁的情緒，就應該立即停止。

孩子再大一些，1 到 2 歲時，家長可以和他玩一些複雜的遊戲，比如分辨圖形、圖形歸類等。可以選不同大小的樹葉，讓孩子分辨哪個葉子大、哪個葉子小；可以選擇不同顏色的圖片，讓孩子按顏色或形狀分類。

3 歲以後，家長可以為孩子準備不同形狀的小玩具，比如各種形狀的七巧板、積木、小湯匙、小杯子，這些東西可以提升孩子的視覺敏感力，增強他對事物的認知力。

人們都說「眼睛是靈魂之窗」，還說「固需早教，勿失機也」。所以，為了促進孩子的智力、感官敏感力的發展，儘早培養和訓練視覺力吧！隨著視覺逐漸成熟、敏感，孩子自然就更健康、更聰明了。

多帶孩子接觸自然，啟動他對觀察的好感

孩子 0 到 6 歲期間，視覺、聽覺、嗅覺、觸覺，感知力和觀察力都可以快速發展。這個時候，我們最應該做的就是打開孩子的感官。

打開孩子感官的第一步就是，讓孩子有機會接觸大自然，接觸豐富多彩的世界。選擇一個公園，帶孩子去看一看，走一走，若是可以的話，多帶孩子到郊野、田間、樹林、大山、河畔去感受一下。讓孩子親眼看看草的繁茂，花的鮮豔，樹葉的形狀，土壤的顏色，大山的高大，小溪的潺潺；讓孩子感受一下小蟲子的叫聲，小鳥的鳴叫，以及風吹樹葉的聲音，河水流動的韻律。

在大自然裡，孩子看到的一切都是新鮮且多樣的，就連綠色都各有各的特色。有樹葉的深綠，草的淺綠，嫩葉的翠綠……等等。孩子的心情是愉快的，思考是靈動的，同時觀察能力也是最活躍的。

牛牛是 1 歲 8 個月的寶寶，對所有東西都感興趣，最喜歡的是讓媽媽帶著去公園、田野間遊戲。公園裡，他會高興地奔跑、跳躍，會蹲下來摸綠草、花朵，會踮起腳尖搆樹葉、柳條。他會好奇地摸摸粗糙的樹幹，然後和媽媽說

「刺、刺」，會聞著花蕊的味道，和媽媽說「香、香」。

在草莓園，他會看著紅紅的草莓笑，然後小心翼翼地摘下一顆，送到嘴邊品嚐。他會伸手搆黃瓜、茄子，然後摘下來放進小籃子裡，一步一踉蹌地走著；在田野裡，他會追著路邊的鴨子，還會看著牠們游泳。

牛牛媽媽每天都帶著孩子接觸大自然，尋找他感興趣的東西，這讓牛牛感受到了快樂，同時也讓孩子對這個世界更好奇，使其更具有觀察力。

教育專家說得好：大自然是孩子的第一本教科書，是世界上最有趣的老師，它的教益無窮無盡。尤其在孩子感官敏感期，家長能多帶孩子到大自然中看看，誘導孩子看看各種顏色、形狀，聽聽各種聲音，摸摸各種花草樹木，幫助孩子建立和完善感官的功能，就可以讓他的感覺更敏銳、更精確。

在公園、田野中玩耍時，各種美麗的花花草草，各種神奇的聲音，各種奔跑嬉鬧刺激著孩子們的感官，讓他們對這些充滿興趣和好奇，然後認真細緻地觀察；新鮮的環境和體驗，讓孩子們的內心蠢蠢欲動，更願意表達、探索和嘗試。

如果家長把孩子困在家裡，只接觸各種玩具，玩手機，看電視，不帶孩子到公園裡奔跑，不帶孩子到田野裡玩耍，那麼孩子就會成為一個感官麻木的「機器人」。如果錯過了敏感期，家長再帶孩子接觸大自然，就不容易達到最理想的效果了。孩子的觀察力和智力的發展也會受到很大的影響，因為感覺是一切的基礎。

我們社區還有一個 3 歲左右的女孩妮妮，大多數時間在家裡玩遊戲或看卡通影片，很少到公園玩，就別提到郊外了。孩子媽媽理所當然地說：「現在空氣汙染嚴重，不利於孩子身體健康。為了安全起見，小孩子最好在室內活動。」

可這對妮妮產生了很大的不良影響，因為生活空間狹窄，她對外界的一切都很陌生、很遲鈍，認不出各種植物，對各種動物也很陌生。偶然一次，看到妮妮媽媽帶著妮妮在小公園玩，其他孩子歡快地奔跑，追蝴蝶、觀察螞蟻，妮妮卻只待在媽媽身邊。其他孩子摘樹葉、青草，玩扮家家酒的遊戲，妮妮卻不敢動手，不敢摸樹葉和泥土。

突然，一隻知了從樹上掉下來，其他孩子都想摸摸牠、捅捅牠，後來還拿著細線把牠捆上，好奇地看牠搧動翅膀。妮妮卻躲得遠遠的，偶爾知了飛到她腳邊，她立即驚恐地大聲哭泣。

兒童心理學上，有一個名詞叫做「大自然不足症」，顯然妮妮的這種行為就是最典型的表現。因為很少有機會接觸大自然，對於花草、動物，甚至是藍天、陽光都感到陌生和恐懼。這不僅使孩子缺少快樂，不能很好地認識和了解這個世界，還可能導致觀察力、好奇心、求知欲的不良發展。時間長了，還可能造成孩子孤獨、憂鬱、焦慮甚至對整個世界冷漠、麻木。

正如德國心理分析學家亞歷山大·米修里希（Alexander Mitscherlich）所說：「孩子需要玩伴，譬如動物、水、泥巴、樹叢、空地。用毛絨玩具、地毯、柏油馬路或天井來替代大自然，孩子也可以長大，可日後家長們會發現，這樣的孩子在學習某些社會基本原則時會很吃力。」

所以，在感官刺激敏感期，孩子對美麗、神奇的大自然充滿了好奇和期待，家長不應該把孩子關在室內，把他們的空間限制在高樓大廈裡。為孩子的成長提供一個更廣闊的空間，帶孩子到公園、田野、大山、樹林裡，讓孩子盡情地投入大自然的懷抱，看看青山綠水、花花草草，聽聽風聲鳥聲水聲，聞聞花香草香泥土香，再去感受這一切。在這個過程中，家長引導孩子自發觀察和思考，調動孩子的視、聽、嗅、味、觸覺，去認知、去觀察、去領悟。

之後家長們就會發現，孩子的自然天賦被打開了，表達和溝通能力似乎得以進一步提升，並且呈現出強烈的好奇心和敏銳的觀察力。同時，孩子的內心會更樂觀、更自信。

聽覺敏感期，
多準備些有聲玩具給孩子

不知道家長們有沒有發現一個有趣的現象：幾個月大的孩子似乎對聲音很敏感，對各種聲音都非常感興趣。正在喝奶，有人從外面進來，他便會立即轉過頭去，聽一下子再繼續喝奶；爸爸的電話響了，他也會立即左右轉頭，好像在尋找聲音；媽媽輕輕叫他的名字，他就會看著媽媽，還時不時露出甜甜的笑容。

即便哭鬧個不停，若是聽到好聽的聲音，也會立即停止哭泣，這是因為孩子進入了聽覺敏感期。孩子剛出生時，聽覺能力就存在了，不過只能分辨出安靜和吵鬧。幾個月後，他的聽覺器官漸漸發育，能聽清一些清晰的聲音，渴望有聲的世界。

3 個月到 4 個月的孩子，不僅喜歡聽聲音，還喜歡尋找聲音的來源。只要聽到有聲音響起，就會到處去尋找，若是讓他找到了，就會專注地聽起來。這個時候，孩子還喜歡悅耳的聲音。

一位同事剛當上新手媽媽，某天發了一篇文：這幾天孩子喝幾口奶，便開始哭鬧，只好抱著她在客廳裡走來走去，可這個方法一點都沒用。同時，她還發了幾個哭泣、抓狂的 emoji。

我知道同事沒有帶娃經驗，也不知道聽覺敏感期，於是便打了一個電話給她，建議她準備些有聲玩具給孩子試一試。當天晚上，同事便回了電話，說：「真的很有效！我讓家人拿來小搖鈴，在她面前輕輕搖晃了幾下，孩子很快就被聲音吸引了，止住了哭聲，小眼睛盯著搖鈴。」

之後，只要孩子一哭鬧，同事就會拿出小搖鈴，而她發現每次孩子都專注地聽著、看著。而且她還發現，孩子好像很愛「聽」電視、手機，只要電視、手機有響聲，她就很安靜、很乖巧。

事實上，在聽覺敏感期，孩子不僅容易被各種聲音吸引，能夠專注地尋找、聆聽，而且還進入了一個名副其實的能力「開掛」時期。家長若是能儘早培養孩子的聽覺能力，對於發展語言能力、認知外部世界的能力都能發揮非常重要的作用。

那如何訓練和培養孩子的聽覺能力，讓孩子順利度過聽覺敏感期呢？在這一點上，我的一位朋友就做得非常好。這位朋友是一位幼兒園老師，對孩子教育有很好的觀念，去年生了一個可愛的小女孩菲菲，現在已經 8 個月大了。

菲菲進入聽覺敏感期後，朋友便特意地訓練她的聽力，經常讓菲菲和自己面對面，讓她看著自己的臉，然後輕輕喊她的名字。一邊喊菲菲名字，朋友還一邊搖頭，或是故意遠離她。這時菲菲也會高興地跟著搖頭，湊近媽媽的臉，好像和媽媽玩遊戲一樣。

朋友還買了很多有響聲的玩具給菲菲，比如搖鈴、撥浪鼓、音樂盒，讓菲菲自己抓著玩，或是陪著菲菲一起玩。朋友有時會拿著搖鈴，放在離孩子 50 公分的位置，一邊搖一邊緩慢地移動。開始菲菲聽音的能力不算好，好久才能找到搖鈴，可慢慢地，她找到搖鈴的時間就越來越短，視線還會隨著響聲移動。

讓菲菲自己玩搖鈴時，朋友也會特別消毒玩具，以便讓菲菲啃咬，滿足她口腔敏感期的需求。同時，朋友會選擇顏色亮麗的玩具，為菲菲營造不一樣的視覺刺激，激發她對色彩的認知。

現在，朋友還會讓菲菲聽一些輕快、優美的音樂，一邊聽音樂一邊扶著菲菲隨著音樂擺動手臂，或是搖動身體。每次菲菲都非常高興，即便沒有媽媽幫助，自己也會手舞足蹈，心情異常愉悅。睡覺時，朋友還會唱兒歌給菲菲聽、播放搖籃曲等。

當然，對於孩子來說，最動聽的、聽得最開心的聲音還是媽媽的聲音。因為孩子是聽著媽媽的聲音長大的，尤其是在媽媽肚子裡時，是聽著媽媽的心跳和聲音成長的。所以朋友每天都會和菲菲說話，不管是餵奶、換尿布還是洗澡、玩遊戲，都會溫柔地和菲菲交流。「菲菲，我們喝牛奶嘍！」、「菲菲是不是又拉臭臭啦？呀，真的好臭哦，媽媽幫你換尿布，好不好？」、「菲菲，這個小搖鈴可愛嗎？聲音好聽嗎……」在這種交流中，菲菲只要聽到媽媽的聲音就安心，同時會感到高興和滿足。

不得不說，朋友真的是一位很稱職的家長，在孩子聽覺敏感期，耐心地培養和訓練孩子的聽覺能力，幫助孩子順利度過聽覺敏感期。正因為如此，菲菲健康地成長，聽覺反應敏感，對各種聲音都有很好的認知。同時，孩子的大腦得以健全發育。

所以，每當有家長向我詢問如何幫助孩子度過聽覺敏感期時，我就會講這位朋友的經驗，讓她們向這位媽媽看齊——多為孩子準備有聲玩具，多讓孩子聽音樂，促進孩子對聲音的感知能力。

同時，家長們還需要注意的是，不管是讓孩子自己玩，還是家長發出響聲來，都不能發出恐怖、嚇人的聲音，而應該選擇動聽、悅耳、柔和的聲音。否則不僅會讓孩子害怕，還可能影響聽覺能力發展，對孩子的成長帶來不利影響。

故意製造噪音，訓練孩子音源捕捉力

之前一位新手媽媽向我諮詢：寶寶剛 3 個月，胖嘟嘟的非常可愛。可是只有自己家人知道，這位小祖宗並不好帶，是個十足的「磨人精」。寶寶剛出生時，一家人高興得不得了，做什麼事情都小心翼翼的。聽說孩子一天需要睡十五六個小時，於是一家人為了保證寶寶的睡眠品質，就盡量保持安靜，從不敢大聲說話。

開始還好，寶寶吃得好睡得好，可 3 個月後，小傢伙就鬧了起來。睡覺時，大人不能發出一點聲音，只要有一點聲音，寶寶就會驚醒，然後哭鬧個不停。於是，一家人做什麼都是躡手躡腳的，還演起了「默劇」，恨不得用手語來交流，手機也調成了靜音。

可是這個方法沒什麼效果，寶寶對聲音越來越敏感。即便不是睡覺時，也容易被聲響嚇到，然後大聲地哭鬧。這位新媽媽和家人感到很奇怪和無奈，懷疑孩子是不是有問題，為什麼環境如此安靜了，孩子還不容易入睡，還容易被驚醒？

其實我想說，問題就在於家裡太安靜了。極度安靜的環境，造就了一個反效果。

不少家長和這位新手媽媽家人一樣，認為小寶寶怕吵，應該營造一個安靜的環境給孩子，尤其是寶寶睡覺時，會關掉電視、手機，說話悄聲悄語，做事也躡手躡腳。可要知道，這樣對孩子成長沒有什麼好處。時間長了，寶寶在睡覺時就會非常敏感，一有響聲就會驚醒，即便是很細微的聲音。

因為孩子到了五六個月後，隨著聽覺器官的發育和成熟，有了超強的聽力，可以聽到細微的聲音，然後進入一個噪音敏感期。這個階段，孩子對聲音非常敏感，可是沒有過濾噪音的能力，很容易被各種聲音干擾，受到驚嚇或焦躁不安，產生恐懼心理。若是始終讓孩子生活在過於安靜的環境中，孩子的聽覺能力就會逐漸減退，語言能力、運動能力以及智力發展就會受到影響。

所以，家長不要刻意為孩子營造一個過於安靜的環境，除了日常正常活動，如走路、開關門、說話、洗洗刷刷，還應該故意製造一些噪音，比如打開電視、調大手機的聲音，或是帶孩子聽聽外面的汽車聲、公園的吵鬧聲等。所有這些來自生活環境的聲音都是對孩子非常有益的刺激。讓孩子有機會聽到這些聲音，接受外界噪音的刺激，可以幫助孩子順利度過噪音敏感期。同時，孩子聽到的聲音越豐富，聽覺能力也就越豐富，聽覺敏銳力越強，大腦就越發達。

或許有些家長會提出疑問：孩子害怕噪音，又喜歡噪音，這看上去不矛盾嗎？確實有些矛盾。但是在噪音敏感期，孩子就是喜歡這樣的世界。簡單來說，孩子喜歡安靜的環境，可如果環境過於安靜了，他就不高興了。孩子對噪音敏感，容易受到噪音的驚嚇，然而家長若是能適當製造一些噪音，他就不會不安地哭泣。同時，這樣的環境更有利於孩子聽覺能力的發展，促進孩子的智力和心理發展。

對於那位新手媽媽的煩惱，我給予了這樣的建議：當孩子睡覺不安穩，時常因為說話聲、電話聲、走路聲而驚醒時，不妨在家裡故意製造一些噪音。

我建議她告訴家人，說話、走路、做事不要小心翼翼，而是保持正常的活動，製造正常的聲響。開始，孩子還是會被驚醒、會哭泣，可幾天後，情況就會有所好轉。之後，她可以嘗試在孩子睡覺前打開電視機，放一些兒歌和音樂。等到孩子再次適應後，把電視聲音調大些，然後多讓孩子聽切菜聲、水流聲等。

很快，這位媽媽給我回饋：孩子不僅不再對這些聲音害怕，還產生了濃厚的興趣。電視、手機發出聲響時，孩子會專心地聽，還會尋找聲音的來源。

所以說，家長應該為孩子營造一個聲音豐富的世界，而不是讓孩子生活在極度安靜的環境中。選擇性地讓孩子聽一些噪音，幫助孩子提升聽覺能力、度過噪音敏感期，對孩子的成才是非常有益的。

不過在這個過程中，家長一定要注意「適量」，不能一下就讓孩子聽特別大的、嘈雜的聲音，這會讓孩子更加恐懼、不安，還可能導致聽覺能力受損。一開始，讓孩子聽聽水流聲、洗洗刷刷的聲音、適度的電視聲，然後帶孩子到公園去逛一逛，再到嘈雜的菜市場逛逛等等。遵循循序漸進的原則，一步步地讓孩子接受外界噪音的刺激，如此才能幫助孩子訓練習慣噪音的能力，讓孩子不再對噪音過於敏感。

同時，拿捏訓練的分寸也是一個重要問題。若是孩子聽噪音時，開始變得焦躁不安，或是哭鬧，那麼家長應立即帶孩子離開，而不是強行訓練。

口腔敏感期，
別阻止孩子實現味覺和觸覺的認知

幾乎所有父母都遇到過一個令人頭痛的問題，就是孩子喜歡胡亂吃東西，幾個月大時喜歡把手指塞到嘴巴裡，然後津津有味地吃個不停。稍大一些，孩子抓到什麼就吃什麼，不管這些東西能不能吃、乾淨不乾淨，包括奶瓶、玩具、鞋子、紙張、桌角……只要是他能碰到的東西，就會毫不猶豫地往嘴裡塞，或是趴下來一頓「啃」。

再大一些，孩子開始搶著吃東西，在飯桌上搶食物，白飯、麵食、肉類、飲品，甚至是辣椒。家長擔心孩子咀嚼不了，不能消化，或是被辣到，但孩子卻不管這一套，拿起食物就往嘴裡塞，吃到酸的、辣的就立即吐出來，遇到咬不爛的就咬兩下再吐出來。

這就是孩子的口腔敏感期到了。0 到 2 歲期間，是這個敏感期的關鍵階段，孩子的注意力都會放在口的開發和使用上。這個時候，孩子還不能靈活地控制手和腳，於是便透過口來喚醒自己的身體，來了解自身之外的各種事物和整個世界。6 個月到 1 歲左右這個時間，孩子總是喜歡吃手指，從最初笨拙地吸吮整個拳頭，發展到可以靈活地吸吮一個手指。1 歲之後，孩子開始嘗試吃其他東西，目的是滿足心

理需求。我們會看到他拿著一些食物或玩具，吃了玩，玩了吃，其實這就是孩子自己在玩。而隨著其他敏感期的到來，這種透過口來認識世界的方式自然就消失了。

所以，在口腔敏感期，吃手或其他東西是對孩子有好處的。家長千萬不要大驚小怪，也不要干涉和阻止。只要注意衛生，替孩子勤洗手，把玩具、孩子時常吃的東西勤消毒就可以了。同時，家長應該讓孩子適當地品嚐各種味道，酸的、甜的、苦的，以便刺激孩子味覺神經更好地發展。

遺憾的是，我發現很多家長都容易大驚小怪，不分青紅皂白地阻止孩子「亂吃」。然而，他們不知道的是，這很容易讓孩子產生挫敗感、不安感、失落感，導致孩子情緒失控。更為嚴重的是，過分的干涉會對孩子成長帶來不良影響，影響他對世界的正確認知，影響孩子味覺和觸覺的充分發展。

我有一位兒科醫生朋友，她遇到的類似家長有很多。一次，這位醫生朋友和我分享了一個故事：

一位叫暢暢的男孩由媽媽帶著來諮詢，這位媽媽說暢暢總是喜歡胡亂吃東西，看到什麼都往嘴裡塞。在家裡還好，媽媽會及時把玩具、物品消毒，但到室外活動時就沒那麼好控制了。一個不注意，暢暢便拿起小石頭放進嘴裡。又一個不注意，他又拔下一根草塞到嘴裡。

暢暢媽媽擔心衛生問題，更擔心暢暢不小心噎到，於是總是及時阻止他，扔掉他手裡的東西。可是，每次暢暢都像被惹到似的，大聲哭鬧好半天，搞得她不知道怎麼辦才好。

為了解決問題，暢暢媽媽只好來諮詢醫生。這位醫生朋友聽了她的講述，笑著說：「不必擔心，這是因為寶寶的口腔敏感期到了。在這種情況下，家長不應該強硬地阻止，而是應該稍微支持一下，讓他盡情地吸吮，這對孩子成才有很多幫助。」

可暢暢媽媽依舊很擔心，儘管她明白醫生說的道理是對的，卻總是做不到支持。暢暢把玩具放進嘴裡，她立即搶過來，然後丟到一邊，孩子痛苦得又哭又喊，她也絕不妥協；飯桌上，暢暢想拿食物吃，她就把盤子、碗筷拿得遠遠的，孩子懊惱地「哼哼」著，她也絕不給孩子品嚐。

一次、兩次、三次……暢暢的口腔敏感期延續了很久，媽媽越是阻止，暢暢越是想吃、想吸吮，情緒就越容易煩躁、不安，有時睡夢中都會哭鬧。同時，暢暢出現了食慾不振的情況，不愛喝奶，不愛吃輔食。直到這時，暢暢媽媽才再次帶他看醫生，希望能解決問題。

口腔敏感期，孩子喜歡吃手啃腳、吃玩具、啃桌子，這都是正常的現象。不要阻止孩子用嘴巴感知世界，不要阻止孩子發展味覺和觸覺，我們需要做的就是把孩子手腳洗乾淨，把玩具等物品消毒。若是在外面，孩子想把石頭、樹葉放進嘴裡，我們應該巧妙地轉移孩子的注意力。家長過分干預孩子，無法滿足孩子的口腔期需求，就可能對孩子產生傷害，讓孩子無法健康地成長。

當然，若是家長發現孩子的口腔敏感期延長了，到 3 歲左右還在吸吮手指頭，就應該要注意了。這是一種不良的生活習慣，若是家長不能及時加以引導，就會影響孩子面部美觀，影響牙齒的正常生長，也容易引發口腔問題。更為重要的是，孩子的心理健康也會受到影響。

家長可以多和孩子進行手指遊戲，適度減少其吸吮手指的機會，還應該多陪伴孩子，給予孩子更多關懷。比如多陪孩子唱兒歌、玩積木，多陪孩子到室外活動，比如在公園玩遊戲、散步、騎車等。這樣一來，孩子可以接受多種事物的刺激，有了更多的興趣和情感寄託，就不會再把注意力放在吮吸手指上。

不管是口腔期的吃手、吸吮玩具，還是後來的搶食物，其實都是孩子想要自我滿足的一種表現。身為家長，我們不應該大驚小怪，不應該過分干涉，而是應該給予正確、及時的引導，給予愛和溫暖。這才是我們應盡的責任，也是促進孩子健康成長的關鍵。

孩子咬人 —— 他是在探索世界呢

相信很多家長都碰到過這樣的情況，不知道從什麼時候起自家孩子愛咬人了，與小朋友玩，一不注意就咬了人家。和媽媽玩遊戲，不知道什麼原因又要咬媽媽。而且，最氣人的是，若是媽媽責罵制止他，他反而會哭泣、鬧情緒，好像自己受了什麼委屈似的。這種情況讓很多家長感到無奈，不知道怎麼處理。

記得我家孩子 4 歲半時，帶他到姑姑家玩，姑姑家有一個小表妹苗苗，當時剛剛 2 歲半，兩個小朋友見面之後就在一起玩玩具。開始兩人還玩得很和諧，可沒多久，孩子便哭著來找我。原來，小表妹苗苗突然就咬了他一口，只見孩子手上有一排明顯的牙印，看樣子被咬得不輕。

我當時很心疼，可知道小表妹不是故意的，便安慰說：「妹妹不是故意的，我們原諒她好不好？」可孩子姑姑卻感到很頭痛，說小表妹並不是第一次咬人，前幾天把一起玩的小朋友咬哭了，昨天還咬了爸爸。

孩子姑姑無奈地說：「這孩子一向很乖巧，也沒有什麼冒犯行為，為什麼會不停地咬人呢？我實在想不通，孩子為什麼會出現這樣的行為？」

其實孩子咬人並非故意，也沒有什麼惡意。絕大多數孩子在 2 到 3 歲期間都會出現咬人的情況，若是咬不到人時就會咬床單、被子、衣服等。家長不要認為孩子學壞了，故意用咬人來攻擊別人。

這是口腔敏感期的一種延續，是孩子用口和牙齒探索世界的一種表現。我前面已經說過，孩子最開始是用口來感知世界的，感知事物、認識事物時會不斷地練習使用舌頭、口。而到了長牙階段，孩子會用牙齒代替舌頭、口，繼續探索和認知事物。同時，孩子的牙齒會癢、不舒服，於是他便會用啃咬來緩解這種生理上的不適。

家長們千萬不能一看到孩子咬人就不分青紅皂白地訓斥、打罵，更不能威脅孩子說，「你要是再咬人，我就打你，然後把你的牙齒拔掉！」

小表妹每次咬人，孩子姑姑都會嚴厲地責罵，甚至用手打孩子的嘴巴。這一次，苗苗咬了我家孩子，姑姑也立即生起氣來，大聲威脅道：「你要是再咬人，我就把你的牙齒拔掉！」看著原本笑呵呵的媽媽突然間變得凶巴巴的，小表妹一下子就被嚇壞了，「哇哇哇」地大哭起來，一整天都沒精打采的，高興不起來。

這是因為孩子還小，沒有完全的自控能力，她或許是口腔敏感沒有得到滿足，或是內心需求沒得到滿足，為了發洩情緒才咬了人。結果，媽媽不僅不了解這些，還突然擺出凶巴巴的表情，嚴厲地訓斥。這種巨大的轉變，讓孩子無所適從，缺乏安全感，以至於情緒失控，心理也受到了不良影響。

為此，我好好地和孩子姑姑進行了溝通，和她講解了孩子咬人背後的原因，建議她改變不當的教育方式。在這裡，我也勸誡各位家長一定要引以為戒，當孩子不是惡意咬人時，不要訓斥或打孩子，而是應該給予正確的引導。可以這樣和孩子說：「不要咬人哦！哥哥會痛，會生氣！」或者說「這是不對的行為，不是乖寶寶的表現。」還可以把別人被咬的地方給孩子看，激發他的同情心和愛心。

同時，家長要滿足孩子口腔味覺和觸覺的發展需求，給他一些軟硬不同的食物，或是準備一些磨牙餅乾等有滋味的東西，這樣，孩子就不會輕易咬人了。不要擔心孩子嚼不爛或萬一卡住了怎麼辦。事實上，孩子的咀嚼能力是非常強的，如果嚼不動的話，他會嚼了再吐出來。如果不小心卡住了，他也會進行自我調節。只要家長多加注意，不讓孩子把小玩具、小石頭等塞進嘴裡卡住喉嚨就好了。

其實，除了孩子口腔敏感期的延遲，孩子咬人還有一個重要原因，那就是孩子的社交能力不足。因為社交能力不足，不能更好地表達自己的想法和情緒，孩子可能就會用咬人的方式來表達，或是發洩不滿，或是緩解緊張的情緒。這個時候，家長應該提高孩子的語言表達能力，引導孩子適當表達情緒。

值得注意的是，不管孩子咬人是出於何種原因，家長都不能置之不理，否則孩子就會養成胡亂咬人的壞習慣，直到五六歲都改變不了。而這樣的後果是非常嚴重的，會讓孩子成為惹人討厭的「壞孩子」。

合理引導的同時，讓孩子盡情用口、牙齒去探索世界吧！探索可以讓孩子的心理得到最大滿足，順利度過一個敏感期，走上一個全新的發展臺階。

第三章
語言組織敏感期：
培養孩子高情商的表達能力

孩子開始咿咿呀呀地學著大人說話，就開始了他的語言敏感期，並且會持續到 6 歲左右。這個階段，家長要經常和孩子交流，唱兒歌、講故事給孩子聽。同時引導他與人溝通，這樣孩子才能提高語言組織能力，從而學會高情商地表達。讓我們耐心地引導孩子，靜待花開吧！

好父母不會覺得孩子「太吵了」

如果你家孩子變成「小話匣子」，你會怎麼辦？是聽他喋喋不休地說下去，給予及時回應，還是嫌棄他太煩，凶他「不要吵了」？

不知道你發現沒有，生活中很多家長屬於後者，他們願意花時間看電視，願意聽別人吐槽，可從來不願意聽孩子說話。對孩子的表達，除了敷衍，就是不耐煩。很顯然，這是錯誤的行為。好的父母，不會覺得孩子吵，更不會覺得孩子愛說話就是「吵」。

軒軒今年 4 歲了，媽媽總是抱怨孩子太吵了。「這搗蛋鬼就是一個小話匣子，整天說個不停。」、「他太愛說話了，我都不知道小小的孩子怎麼這麼多話！」於是，每當軒軒頻繁說話時，媽媽不是敷衍著「嗯嗯，知道了」、「對，對，你說得對」，就是不耐煩地打斷，「求求你了，嘴巴能休息一下嗎？」、「你怎麼話這麼多，真是一個話匣子」。

某一個週末，媽媽準備帶軒軒去遊樂園玩，他聽了之後很高興，一大早上就圍著媽媽說了起來，「媽媽，我們是要去遊樂園嗎？」、「媽媽，遊樂園有什麼好玩的嗎？」

媽媽不經意地回答著，並且告訴軒軒說，我們先吃早餐，然後準備一下再出發。這一下，軒軒更是打開了話匣子。

「媽媽，你快點準備早餐，我們吃完馬上出發。」、「媽媽，我們要準備什麼東西？」、「媽媽，你幫我準備衣服了嗎？」

軒軒媽媽被惹得厭煩了，大聲說道：「哎呀，你怎麼這麼多話！要是再說一句，我就不帶你去遊樂場了！」軒軒見媽媽生氣了，委屈地噘著小嘴，默默地坐在桌子旁等著吃飯。其間，軒軒幾次張嘴，明顯是想說些什麼，可看了看媽媽還是憋住了。

還有一次，軒軒媽媽帶著軒軒參加同學聚會，有一位同學也帶著孩子，是一個可愛文靜的女孩。吃飯的時候，軒軒一直說個不停。「媽媽，我要吃這個，我要吃那個。」、「媽媽，這個是什麼東西？為什麼這麼好吃？」、「媽媽，這裡很好，我們以後還可以來嗎？」而小女孩則安安靜靜地吃飯，基本沒說幾句話。

等軒軒再次說話時，軒軒媽媽煩躁地說：「哎呀，你個小話匣子，能不能暫停一下！你看看人家妹妹，多安靜、多懂事！」聽了媽媽的話，軒軒安靜了下來，可滿臉都是委屈。他不知道為什麼媽媽不讓自己說話，不知道媽媽為什麼會生氣。類似的事件發生幾次後，軒軒不再是「小話匣子」了，可也不再活潑、自信了，整天都悶悶不樂的。

好父母，不會覺得孩子吵，更不會因為孩子「話匣子」就輕易訓斥。若是家長把孩子愛說話、愛表達當作是「話匣子」，認定是「搗蛋鬼」的一種表現，那就會害了孩子，不利於孩子語言能力、智力以及情商的發展。

四五歲的孩子，愛說話、變成「小話匣子」是正常的現象，因為他已經進入了語言敏感期。在這個過程中，孩子語言能力快速發展，並且會模仿大人說話，思考各種問題，從而進入一種有強烈表達欲的階段。他會急於表達自己的想法，遇到什麼問題喜歡刨根問底，還會興奮地自言自語。

這時，家長應該多傾聽孩子說話，鼓勵孩子表達自己，而不是嫌孩子煩，嚴厲地訓斥他。家長還應該及時有效地回應孩子的提問，而不是隨意地敷衍。如此一來，孩子才能保持對語言的興趣，更願意去表達，並且能更好地去表達，進而提升語言組織和表達能力。

同時，在語言敏感期，愛說話的孩子，往往要比不愛說話的孩子更聰明，情商更高。受到家長訓練和鼓勵的孩子，往往要比受到家長壓迫和限制的孩子更善於表達，心理更健康。兒童心理學專家曾表示：兒童成長時期，語言能力培養就是大腦功能發育的催化劑。擅於表達的孩子要比沉默寡言的孩子發育更迅速，能更高效地表達自己的思想，理解別人的話。不管是日常生活還是將來上學，前者都更優秀，走得更快。

朋友的孩子明明 3 歲左右了，朋友說他已經進入語言敏感期了。早上一醒來，他就會和爸爸媽媽說個不停，纏著媽媽問東問西，有時還會自言自語。朋友知道，這是到了鍛鍊孩子語言能力的關鍵期，於是便開始特意引導，提高和孩子交流的頻率。

做飯時，明明會問：「媽媽，我們今天吃什麼？」朋友會笑著說：「你喜歡吃什麼呀？」明明痛快地回答：「我喜歡吃肉肉。」朋友會問：「為什麼喜歡吃肉肉？」明明：「肉肉香！」朋友：「對，肉肉香噴噴的，而且有營養，對不對？不過，明明也要吃蔬菜哦！蔬菜也有營養。」

玩遊戲時，明明會問：「媽媽，為什麼這個會發出聲音？」朋友會反問：「你知道為什麼嗎？」明明說：「因為它裡面有東西，好像是小石頭。」朋友發現孩子開始思考，便給予鼓勵：「對，明明真聰明！」

上幼兒園後，朋友會鼓勵明明積極發言，回答老師的問題，有不懂的地方就提問。所以，明明成為一個積極踴躍、愛表達自己的小孩。在朋友的引導和鼓勵下，明明比同齡人的語言表達能力更優秀，社交能力也很強。

所以，身為愛孩子的父母，我們應該讓孩子盡情地表達自己，多花時間與孩子交流，並引導和幫助孩子提升語言表達能力。當我們這樣做了之後，就會發現孩子越來越會表達了，越來越樂觀、自信了。同時，孩子的思考能力、邏輯能力也得到充足的發展，在將來的生活中、課業上都會遠遠超過他人。

耐心引導，糾正孩子對人、事、物的稱呼

孩子學會說話，是家長最高興的時候，聽著孩子萌萌的聲音，叫著媽媽爸爸，心簡直都要融化了。不過，在孩子1到2歲期間，雖然他已經了解很多事物，卻因為語言發展不完全，很難發音準確。

指著哥哥，開心地叫著「可可」；看到汽車，又高興地說「車車」。很多家長覺得孩子的童言童語很有趣，便也學著孩子說了起來，還覺得這不是什麼大問題，等孩子長大了，自然就說清楚了。

可這些家長不清楚的是，孩子的發音不清楚，對人、事、物的稱呼不準確，若是放任不管的話，那麼有些孩子的語言發展就會變得緩慢，還可能導致一定的語言障礙。隨著孩子的長大，對發音習慣、口語能力都有很大的影響。

我前面提到的那位醫生朋友遇到這樣一個孩子，名叫悅寶，已經3歲了，說話還是帶很多單音節的詞彙，在幼兒園，小朋友和老師很難聽懂她說話。悅寶媽媽懷疑孩子有語言障礙，著急地來找醫生諮詢。

經過了解之後，醫生朋友找到了導致這個結果的原因。悅寶到1歲半時，已經知道很多東西，而且還願意表達自

己。但這個時候，因為她只會發出單音節，看到汽車就會高興地說「車車」，想要喝水就會說「水水」、「喝喝」。悅寶媽媽覺得孩子這樣發音是正常的，畢竟年齡還小，很難發出多音節，很難發音準確。可是，悅寶媽媽並沒有及時教孩子正確的詞彙，反而在平時與悅寶交流時，也刻意學孩子說話。「寶寶，我們喝水水吧！」、「寶寶，來吃個果果（蘋果）。」教悅寶認識一些生活中的常見物品時，則會這樣說，「寶寶，這是杯杯（水杯）」、「寶寶，這是電電（電話）」。

很顯然，悅寶媽媽的做法是不當的。或許她是為了激起孩子的說話興趣，或是為了讓孩子能聽得懂，但是這樣的將錯就錯，很容易讓孩子陷入謬誤，對孩子語言發展沒有任何幫助。

孩子年齡小，說話不清晰，只能說單音節，這是正常現象。可若是家長不及時引導，教孩子正確的讀音，那就會影響孩子的語言表達，更不利於孩子的智力發展和對事物的認知。孩子是一張白紙，你對他輸入什麼，他就直接吸收什麼。你輸入錯誤的發音和詞彙訊息，那麼他就只能接收錯誤的發音和詞彙訊息。

蒙特梭利曾經指出，0 到 6 歲是孩子語言發育的敏感期，而 3 歲之前是語言接受敏感期，不論是好的訊息還是不好的訊息，孩子都會直接接收。時間長了，這種記憶形成一種思維和觀念，那就很難改變了。

所以，我奉勸所有的家長，千萬不要覺得好玩就學孩子說話，也不要錯誤地認為孩子發音不準沒什麼大不了的。從孩子準備開口說話時，就要正確的訓練和引導，他才能具有更好的語言能力和表達能力。

在 0 到 3 歲這個關鍵階段，家長想要培養孩子的語言能力，就應該準備好大量的詞彙，把生活中人、事、物的正確稱呼，以及日常交流的正確用語或禮貌用語輸入給孩子。如此一來，孩子才能接觸到更豐富、更準確的語言，更好地累積，然後輸出、表達。

同樣是 3 歲左右的孩子，鄰居家的孩子萱萱語言能力就比悅寶好很多，是一個能言善道的小美女。當然，這歸功於萱萱媽媽的引導和培養。這位鄰居時常對我說：「教孩子是要有耐心的，也是講究方法的。我真的不理解，為什麼有的家長會採取錯的方式。」

1 歲多的時候，萱萱說話也不標準，叫不出很多東西的名字。媽媽總是能耐心地與她交流，把日常生活的每一個片段都當作教孩子的絕佳機會。比如，餵萱萱吃飯，媽媽會指著食物說：「寶寶，這是紅蘿蔔，紅紅的，很好吃哦！」、「寶寶，這是羊肉湯，用羊肉和蘿蔔做的，這是羊肉，這是蘿蔔，小心燙哦！」

再比如，帶萱萱外出，媽媽也會教孩子認識一些事物。

「寶寶，這是汽車，汽車、汽車滴滴滴……」、「這是大樓，又高又大。」

媽媽還時常和萱萱玩「認識五官」的遊戲，指著自己的嘴巴說：「這是嘴巴，媽媽的嘴巴」、「這是鼻子，媽媽的鼻子」。然後，再指著萱萱的嘴巴和鼻子，說：「這是嘴巴，萱萱的嘴巴」、「這是鼻子，萱萱的鼻子」。等到萱萱認識五官後，媽媽則會提問，讓萱萱指出自己和媽媽的某個器官。「寶寶，哪一個是鼻子，媽媽的鼻子在哪裡？」、「哪一個是嘴巴，萱萱的嘴巴在哪裡？」

萱萱偶爾也會發錯音，把爸爸叫成「大大」，媽媽不會笑，也不會學，而是在平時多糾正和引導，和萱萱說「寶寶，爸爸在哪裡」、「寶寶，叫爸爸吃飯」。萱萱也會說單音節的詞語，這個時候媽媽就會強調準確讀音，多次重複這個詞。比如，萱萱說不好「皮球」、「牙刷」等詞彙，媽媽就會和她玩「造句」遊戲。拿出一個皮球，一邊拍一邊說：「寶寶，這是一個皮球，圓圓的。我們來玩皮球。」

就是因為萱萱媽媽的耐心和用心，萱萱口語表達非常棒，還掌握了很豐富的詞彙，超過了其他同齡小朋友。

所以，在語言敏感期，想要孩子表達力強、語言組織能力強，最簡單的辦法就是把詞彙輸入給他，注意發音的準確性，然後讓他正確地模仿。當然，這也是最有效的方法。

不過需要注意的是，在引導和糾正孩子時，家長不要太嚴苛，孩子一說錯就指出他這也不對，那也不對；更不要因為孩子發音不準確而發火，責備或打罵。這樣只會讓孩子不敢大膽說話，產生巨大的心理壓力或恐懼感，從而導致語言發育遲緩。

另外，我很反對有些家長強迫孩子表達，非要讓他在人前「表演說話」，或是讓他禮貌地打招呼。每當有人讓我家孩子表演唱歌時，我都會替孩子拒絕。每當有朋友催促孩子叫我阿姨，我都會打圓場。因為這種強迫，對孩子來說都是一種傷害，讓孩子更不願意開口。

孩子一直問「為什麼」，爸媽怎麼招架

很多時候，大人覺得很平常、自然存在的現象，在孩子眼中就成了新奇無比、不可理解的大事。於是，孩子會不斷發問：「小鳥為什麼會飛，我為什麼不會飛？」、「天空為什麼是藍色，白雲為什麼不會掉下來？」、「小狗為什麼汪汪汪叫，為什麼要在樹邊撒尿？」、「我沒生病，為什麼總是要打針（疫苗）？」面對孩子們一個又一個「為什麼」，很多家長開始還能耐心地回答，「因為小鳥有翅膀，你沒有翅膀」、「因為太陽光在大氣中發生了散射；因為雲是水蒸氣彙集而成，當大量水氣聚集在一起，就形成了白色、不透明的雲」，可慢慢地，家長開始招架不住了，開始敷衍，「因為本來就是如此，沒有為什麼」，甚至開始不耐煩，「你哪有這麼多為什麼？」、「快點吃飯／走路，不要老問這些無聊的問題！」

看看下面的情景，你熟悉不熟悉？

浩浩是一個 3 歲半的男孩，正處於愛問「為什麼」的階段，而且總是喜歡一問到底，這讓媽媽感到很無奈。

有一次，媽媽正在做飯，浩浩跑過來，開始了提問模式。浩浩：媽媽，你在做什麼？

媽媽：我正在挑蔬菜。

浩浩：為什麼要挑蔬菜？

媽媽：因為媽媽要給你做飯，我們要吃飯了。

浩浩：為什麼要給我做飯？

媽媽：因為不吃飯就會肚子餓。

浩浩：為什麼肚子會餓？

面對浩浩一個一個的「為什麼」，媽媽確實很無奈，因為有些問題她也回答不上來。媽媽開始有些煩躁，最後生氣地對浩浩說：「你這孩子怎麼這麼多為什麼，去一邊玩，不要耽誤媽媽做飯。」

浩浩不明白媽媽為什麼突然生氣，可又不敢繼續問，只能委屈地離開，眼裡含著淚光。類似的情況多了，浩浩就不敢繼續問「為什麼」了，而且話也少了很多。

浩浩雖然只有 3 歲半，可是能感受到媽媽對他的態度。他知道媽媽不喜歡自己總是不斷提問，所以即便內心有很多問題和不解，還是忍住了，不再說出來。而正是因為媽媽的不以為然和不耐煩，讓浩浩逐漸失去了提問的熱情，也漸漸失去了好奇心、求知欲。

孩子的成長離不開思考，問「為什麼」就是因為孩子對這個世界好奇，是想要表達自己的表現。其實，孩子從小就會對自己看到的人或物感到好奇，只是因為語言能力欠缺不能表達而已。到了 3 歲以後，孩子進入語言組織敏感期，有了一定的語言表達能力，便會不斷地問「為什麼」，就好像一個活動的「十萬個為什麼」。他不再滿足於自己看到的，想透過提問來對這個世界有更深的了解和探索。

換一個角度來說，喜歡問「為什麼」的孩子，他的頭腦是聰明的，是愛思考的，更是對這個世界充滿了好奇的。家長的解答，可以滿足孩子的好奇心，並且能鍛鍊他的思考能力。同時，喜歡問「為什麼」的孩子有強烈的表現欲和表達欲望，家長的耐心、細心的回答也鼓勵了孩子進行更大膽、更多方面的表達，使孩子的語言表達和組織能力得到鍛鍊。

我想說的是，孩子不斷地問「為什麼」，總是問很多奇葩問題，這看似是一個很麻煩的事情，可事實上，這正是一個好現象。孩子正在習得一個新技能，正進入一個新的成長階段。正因為如此，無論孩子的提問多麼簡單、好笑，或難以回答，家長都應該好好地給出一個答案，並且鼓勵他多思考、多提問。

同時，在與孩子的互動中，家長要盡量從孩子的角度出發，給出簡單明瞭的回應。因為說得多了或太複雜了，孩子就很難理解。當孩子問「×× 為什麼是這樣」時，家長可以暫時不給出答案，然後進行反問，激發孩子的想像力和語言能力。最後，家長再根據孩子的理解能力，給出及時、正確、認真的回答。

一天，一個朋友帶著孩子亮亮到我家玩，孩子一進門就看到魚缸裡的魚，然後專注地觀察起來。一陣子後，亮亮好奇地問：「媽媽，魚為什麼一直游啊游？牠們不會累嗎？牠們會不會睡覺啊？」

朋友回答說：「魚不是一直游，牠也會休息的。等你不注意的時候，牠就會待在假山或玻璃缸邊休息。」

亮亮又問：「那魚怎麼睡覺？和我們一樣，躺著睡覺嗎？」

朋友說：「魚不會躺著睡覺，你看牠在邊上一動不動時，就是在睡覺。」

亮亮又問：「媽媽，魚會閉眼睛嗎？我聽爸爸說，魚睡覺不會閉眼，為什麼？」

朋友繼續解釋說：「嗯，魚不會閉眼。因為魚沒有眼瞼。」

「那魚為什麼沒有眼瞼？」亮亮的提問一個又一個。

朋友則耐心地回答說：「因為魚生活在水中，不需要眨眼，也沒異物進入水中。」聽了朋友的回答，亮亮好像有些不太理解，這時朋友笑著說：「你還小，可能不太理解這些。不過我們不用著急，等你再大一些，媽媽再給你解釋，好嗎？你很聰明，也很愛提問，媽媽相信你很快就會明白。」亮亮聽了朋友的話，笑著答應了。

在孩子眼裡，所有東西都是新奇的，雖然他們年紀不大，但喜歡思考，提問並非心血來潮。家長的態度決定了孩子是否思維更活躍，想像力更豐富，語言表達力更強。身為家長，我們應該保護孩子，重視孩子新技能的發展，而不是攻擊他或打擊他。這是送給孩子最好的成長禮物。

同時，家長一定要懂得傾聽，放下手中的工作，認真對待孩子的提問，並且給予孩子正確科學的答案，這也是促進親子關係的關鍵，讓家長更輕鬆地走進孩子的內心。

這個世界真的很大、很奇妙，小小的孩子總是在成長，給孩子的提問一個滿意的答案，提升孩子的思考能力、語言能力，有利於孩子更好地體會父母的愛。

讓孩子學著接電話，
刻意訓練他對語言的組織與表達

很多家長都重視孩子語言能力的培養，想抓住語言敏感期這一關鍵時期，提升孩子的語言組織和表達能力。可想法是有了，如何付諸行動呢？採用什麼方法效果更佳呢？

我認為讓孩子學著接電話就是不錯的方法。對於 2 到 4 歲的孩子來說，電話發出的聲音簡直太奇妙了，聽著聲音從這個奇怪的「玩具」中發出來，他會興奮不已，並產生極大的興趣。這個時候，家長適當地讓孩子學著接電話，與人進行簡單的溝通，就可以極大地鍛鍊孩子的聽覺能力和語言組織表達能力。

記得我家孩子 2 歲半的時候，就開始對電話產生了興趣。我和孩子爸爸打電話，孩子就會在一旁觀察，好奇地聽著。後來，他還會湊過頭來，學著我的樣子和口氣與爸爸說話。「是啊，你要回來啦！」、「早點回來啊！」惹得爸爸哈哈大笑。

一次，為了滿足孩子的好奇心，我讓他接聽了爸爸的電話，並且在一旁教他詢問爸爸是否能按時回家。這一次奇妙的電話探索經歷，讓孩子愛上了接聽電話的遊戲。只要是我或是爸爸的電話響起，他就會跑過去，搶著接聽。「喂，你是誰啊！你有什麼事情嗎？」、「我是某某。」、「媽媽不在，再見！」

之後，我開始教孩子如何撥打電話，如何辨識撥號音、忙線，還鼓勵他時常打電話給爺爺奶奶。打電話給爺爺奶奶時，教他說：「我是某某，我要找奶奶。」、「奶奶好，我想你了！」然後教孩子如何問候爺爺奶奶，如何和爺爺奶奶聊天。

在不斷的引導和訓練下，孩子的語言表達能力有了很大提升，也算是一個能言善道的孩子。而且，孩子更懂禮貌了，見到鄰居的叔叔阿姨、爺爺奶奶，總是能高興地打招呼。

所以，想讓孩子更會表達，就教孩子學會接打電話吧。把語言能力訓練變成一個「電話遊戲」，孩子就會更感興趣，更願意接受。把一些禮貌用語、與人溝通的技巧融入「電話遊戲」中，孩子的社交能力就會大大提升，同時可以讓孩子從玩耍中找到快樂。

若是家長看到孩子喜歡上接電話，還會模仿大人的語言和動作，千萬不要覺得孩子調皮，然後去責備或訓斥他。這是一個孩子語言探索的過程，我們應該藉著這個機會，引導孩子更好地表達自己，學會如何與別人溝通。

最開始，我們可以買一個玩具電話給孩子，或是用手指當電話，和孩子玩「接打電話」遊戲。這個過程中，我們要教孩子如何拿起話筒，如何撥打電話，還可以模擬各種情景。

比如，可以和孩子模擬媽媽打電話回家的情形。媽媽拿起玩具電話，發出「叮鈴鈴」的聲音，然後讓孩子拿起電話接聽。媽媽說：「喂，是某某嗎？」孩子：「是啊，我是某某。」媽媽：「我再 5 分鐘就到家，你幫媽媽開門，好嗎？」孩子回答：「好的，媽媽再見！」

再比如，電話響起，媽媽禮貌地問：「你好，我找某某（媽媽的名字）。」孩子：「你是誰啊？我是某某，她是我媽媽。」媽媽：「你媽媽在嗎？我找她有事情。」孩子：「媽媽不在家，去買東西了！」媽媽：「好的，那你幫我轉告一下，說某某阿姨找，好嗎？謝謝！」孩子：「好的，再見！」

不得不說，這樣的「打電話」遊戲，既滿足了孩子的好奇心，又鍛鍊了孩子的語言組織能力和表達能力，真的是兩全其美！我建議家長們可以嘗試一下。

孩子對接電話感興趣，家長應該感到高興，應該利用好這一機會。因為過一段時間後，或許孩子的興趣就會變淡，甚至會感到厭煩。無論孩子表現如何，都要正面地引導他、鼓勵他，發現他的閃光點。如此一來，孩子才會更快樂、健康地成長。

孩子說謊，不要一味地責罵和打擊

很多家長都發現一個問題：孩子兩三歲後，學會了撒謊。偷吃了一顆糖果，媽媽問她：「你有沒有偷吃？」他會痛快地回答：「我沒有！」媽媽又問：「真的？那為什麼糖果少了一顆？」他則偷偷看向糖果，然後摸一下嘴巴，繼續否認：「我不知道，我沒有偷吃。」和小朋友一起遊戲，學會了吹牛。「我家有好多小汽車，都是媽媽給我買的。」、「我爸爸很厲害，一隻手就能把我舉起來！」

聽到孩子說謊，相信很多家長開始都是驚訝、錯愕的，不明白這麼小的孩子怎麼學會了說謊。然後感到失望和憤怒，開始擔心孩子會學壞，「這麼小就學會了說謊，長大了還得了。」緊接著，對孩子就是一頓訓斥，甚至是處罰。

可如果你真的這樣做了，那就大錯特錯了。每個孩子都會撒謊，我們不能單純地認為孩子撒謊就是學壞了，說謊是因為孩子進入了自我意識的萌芽時期，是語言敏感期的一種表現。

因為自我意識的發展，孩子以為自己知道很多東西，而家長卻不知道。一方面偷吃了糖果，偏偏撒謊說沒偷吃，一方面又笨得可愛，偷偷地看糖果、抹嘴，想要編造一個「完美的謊言」。對孩子來說，騙家長是有趣的遊戲，是顯示自己最厲害一面的遊戲。所以，第一次成功後，他會繼續想辦法騙家長，心中還揚揚得意地想：看，我做的事情你不知道！

同時，這個時期孩子的語言能力和認知能力得到快速發展，然而又不知道什麼是真的，什麼是假的；不知道什麼是對的，什麼是錯的。他們把現實世界和幻想弄混了：希望媽媽給自己買很多小汽車，然後就會根據希望去想像，說出自己家有很多小汽車的謊言；希望爸爸是超人、有無窮的力量，然後就在謊言中說出自己的願望。

而隨著孩子的長大，我們還會發現，他說謊的次數越來越多，而且編造的謊言也越來越「完美」，不再漏洞百出。比如不再偷吃後還抹嘴，甚至連表情都控制得很好。

有專家曾經做過研究調查：在這個階段，2 歲的孩子 30% 會說謊，3 歲的孩子 50% 會說謊。而到了 4 歲以後，幾乎每個孩子都會說謊。說謊就像孩子愛問「為什麼」愛「罵人」一樣，都是語言敏感期的表現行為，是他自我認知、自我表達的方式。

身為家長的我們應該明白，這個時期的孩子說謊並非什麼壞事，這是成長敏感期的表現。對於孩子來說，成功地說謊並不是簡單的事情，因為他需要先隱瞞事實，再編造另一個故事，同時還要控制自己的情緒和心理。而這一切都很好地促進了孩子語言能力、邏輯能力、自我控制能力的發展。

所以，面對孩子說謊的情況，家長不能主觀地認為孩子學壞了，更不能不由分說地責備、打罵。這不利於孩子順利度過敏感期，更容易讓孩子的語言、思維、想像力得不到很好的發展。

我有一位同事方圓最近總是心事重重，詢問之後才知道，她最近發現她 4 歲的孩子有說謊的跡象。一天，她正在打掃環境，回到客廳後，發現水杯倒了，地上灑了一攤水，而兒子正在一旁看動畫片。方圓問孩子：「水杯為什麼倒在桌子上，是你碰倒的嗎？」

兒子痛快地說：「不是的。我沒有碰水杯！」

方圓又問：「家裡只有你和我，我在臥室打掃環境，不是你是誰？」

兒子則說：「真的不是我，嗯，是一隻貓咪碰倒的，我剛看見了。」

方圓有些生氣，說：「我們家沒有貓，怎麼會是貓碰倒的？你在說謊！」

兒子繼續說：「真的是貓，我看見了。牠從窗戶跑出去了！」

這下方圓更生氣了，大聲訓斥道：「明明是你碰倒的，你還說謊，真是太氣人了！說，到底是不是你？」

兒子被她的突然發怒嚇壞了，大聲哭了起來。方圓繼續罵道：「你還哭？快點道歉，保證再也不說謊了！」在方圓的嚴厲訓斥下，兒子委屈道地了歉，可之後一整天都不開心。

還有一天，方圓叫兒子起床，吃完早飯去上幼兒園，可兒子卻捂著肚子說：「媽媽，我不去幼兒園，我肚子痛！」方圓開始以為兒子真的病了，便說觀察一下，然後去看醫生。可聽了這話，兒子立即說肚子不痛了。意識到孩子在說謊，方圓又免不了一頓發火。

方圓抱怨地說：「我以為自己的嚴格要求很快就可以讓兒子改掉說謊的壞習慣，可沒想到，他確實不說謊了，然而話也少了，不再像之前那樣活潑、自信。我該怎麼辦呢？任憑孩子說謊，會讓他養成不良習慣，可嚴加管教，又會讓孩子產生心理問題。這真是太難了！」

聽了方圓的抱怨，我開解她說：「其實，你沒有必要大驚小怪，孩子說謊，只是成長敏感期的一個表現。過於緊張，把孩子的行為誇大化、醜惡化，然後用錯誤的方式去處理，只能導致錯誤的結果。只要你能及時引導，幫助他度過說謊敏感期就可以了。」

聽了我的建議，方圓開始注意教育時的分寸，不再訓斥和打罵，而是巧妙地引導和鼓勵。結果，孩子的表現果然有所改善。

所以說，在成長敏感期這個階段，孩子說謊並不可怕，關鍵在於家長們如何去做。不管孩子因為什麼說謊，家長都不能一味地責罵和打擊。給予孩子正面的引導和激勵，幫助孩子順利度過成長的敏感期，這才是對孩子最大的幫助。

當然，若是孩子到了 6 歲之後還習慣說謊，那麼家長就應該注意了。這個時候，如果家長不及時引導和教育，幫助孩子改掉這個壞習慣，那麼就會讓孩子撒謊成性。同時，我們還需要反省自己，看自己是否對孩子做了不好的榜樣，看自己是否給了孩子太大壓力。

雙語交流的家庭 —— 孩子的大確幸

我發現身邊的很多朋友、同事希望老人幫自己帶孩子，可不希望老人講方言。他們的理由很簡單，老人講方言，爸爸媽媽講國語，語言不統一，孩子很容易混亂，不知道聽誰的、學誰的，然後導致語言發育遲緩，到說話的年齡還難以開口。

若是看到有新聞說孩子因為壓力過大，將英語和國語混淆，導致開口說話晚、語不達意，這些家長就更憂心忡忡了。他們擔心雙語環境會害了孩子，害怕孩子還未張口說話，便不願開口了。

曾經在網路上看到這樣一則分享：新手媽媽青青（化名）和婆婆因為帶孩子、教孩子說話的問題起了衝突。寶寶 1 歲了，處於牙牙學語的關鍵時期，身為媽媽，青青很重視也很用心，每天下班後都講故事、唱兒歌給寶寶，教寶寶認識一些常見的物品。但是，她發現一個問題，儘管自己每天都用國語教孩子說話，可孩子的爺爺奶奶卻只用方言交流，還用方言教孩子說話。

青青急了，非要老人也用國語交流，還嚴肅地說：「家裡的語言必須統一，每個人都必須講國語。要是你說你的，我說我的，孩子的大腦還不混亂了啊！到時候，孩子不會說話，說話不清晰，怎麼辦？」可老人說了一輩子方言，哪裡會說國語，一下子家裡陷入緊張狀態，衝突一觸即發。

可是，孩子在兩種語言環境中長大，真的會思維混亂、語言發育遲緩嗎？當然不會！不要小看了孩子的語言學習天賦，在語言敏感期，孩子的學習能力是非常強的，只需要簡單的語言輸入，就可以輕鬆地接受。

這時，或許有人會抬槓說：「孩子的大腦簡單，只有學習一種語言的機制，同時輸入兩種語言，孩子能分辨得清嗎？即使能分辨得清，是不是學習的效率會降低，比別人說話晚？」同樣的答案，不會！事實上，對孩子來說，語言學習就像走路一樣，是本能行為，是無意識的學習。學習兩種語言，就好像邁出兩條腿一樣，互不干擾，又相互協調。同時，這個時期，孩子對語言極度敏感，具有極強的語言辨別能力。在同一時期接受和學習兩種語言，一樣可以運用自如，不會給大腦造成什麼負擔。

生活中，確實有語言發展遲緩的孩子，但是孩子語言發展遲緩的原因有很多，可能是聽覺能力發育不健全或不正常所導致的，或是家長過度訓練孩子、強迫孩子說話所導致的，也可能是家長時常嘲笑孩子不會說話、說話發音不準，促使孩子自尊心受到傷害而導致的。即便有語言環境複雜的因素，也是因為家長的不恰當教育：強迫孩子學習多種語言，一下子強迫他說英語，一下子又強迫他說國語。這會讓正處於模仿期的孩子產生困惑和叛逆心理，不再願意學習。

當家長和孩子正常交流，不強迫、不控制，孩子的學習自由自在時，其學習效果是顯著的。那些混血或雙語環境中成長的孩子，不就是最好的事例嗎？他們都生活在雙語或多語的家庭中，爸爸一種語言，媽媽一種語言。結果呢？孩子思維混亂了嗎？沒有！孩子較晚學會說話嗎？也沒有！兩三歲的時候，這些孩子便可以流利地說著兩種語言，而且切換自如。

有一次，我帶著孩子到一家餐廳吃飯，遇到一家三口正在交流。媽媽是華人，爸爸是美國人，孩子是個混血小美女。只見小美女和媽媽交流時，說著一口流利的中文，和爸爸交流時，說著標準的英語。孩子在一旁小聲地說：「媽媽，她英文說得好好！」

看到了吧！雙語環境，不僅不會影響孩子語言發育，反而會促進孩子語言能力的發展。一個家庭如果平時總是用雙語交流，那麼這個家庭的孩子就比單一語言環境中的孩子更容易接受語言刺激。所以，不要過度擔心孩子小小年紀是否能適應複雜的雙語交流環境，也不要小看孩子的學習能力和適應能力。

對孩子來說，雙語交流的家庭環境，就是孩子成長過程中的大確幸。我們需要做的就是，為孩子提供良好的語言環境，尤其是在孩子 2 到 3 歲時，重視孩子的雙語教育，盡量把孩子送進雙語幼兒園。在上幼兒園前，我們也需要進行自我教學，讓孩子聽英語兒歌，教孩子念字母、讀單字，儘早激發其語言天賦。

第四章
動作協調敏感期：促進孩子左右腦協調發展

1 歲左右，孩子可以熟練使用雙手；2 歲左右，孩子已經會走路，然後進入活潑好動的時期 —— 動作協調敏感期。這個時期是促進孩子肢體更強壯協調，讓大腦充分發展的關鍵期，所以，家長應該讓孩子充分運動，實現手、腳、眼、腦的協調訓練。

爬高，愛走路緣——允許孩子的調皮行為

當孩子 2 歲左右時，表現得越來越調皮，好像不願服從父母的管制了。喜歡爬高，在家裡爬沙發、爬桌子，在外面則爬土坡、大石頭、長椅，還會嘗試著從高處往下跳，真是讓父母看得膽顫心驚。喜歡走不平的路，越是坑坑窪窪的地方，越是凸起的路緣，他就越喜歡走，還頑皮地一邊走路一邊踢小石頭。

這不，2 歲左右的小姪女就是如此。最近姪女對爬高非常感興趣，大人一個看不住，她就爬上沙發、茶几，還喜歡上了爬樓梯。每當走到樓梯口，她就會一直喊著：「上樓梯，上樓梯。」她媽媽擔心她摔倒，說要抱著或牽著她，可她卻怎麼說都不同意。一次，她媽媽急著上樓，就一口氣把她抱上了 4 樓，這下可惹到了小姪女，她一邊哭喊著「我要上樓梯」，一邊踢踏著雙腿。等她媽媽到達家門口，把她放下想要開門時，她竟然一個人往下跑，還好被及時拉住。無奈，她媽媽只好把手裡東西放下，抱著她下樓，然後重新讓她走一次。

小姪女還喜歡走路緣，每次出門時有好好的路不走，非要搖搖晃晃地走路緣。她媽媽擔心她摔倒，想要牽著她，可

她總是甩掉媽媽的手。雖然每次都是搖搖晃晃的，可這小女孩知道把雙手伸展開來，然後掉下來，又站上去，掉下來，又站上去，樂此不疲。

下雨時，小姪女偏愛去踩那水窪，弄得一身都是泥水。前段時間，我和小姪女母女一起回老家，家裡這邊下了好幾天雨，路上到處都是一個又一個水窪，鋪著石板的馬路上也積了不少水。我和她們母女倆外出買菜，她媽媽擔心她弄溼衣服，便提前說：「寶寶，出門後，不要踩到水哦。」可是這樣的提醒並沒有效果，這小小的人就是喜歡淘氣，開始還是趁媽媽不注意時偷偷往水窪裡踩，後來就明目張膽起來，看到一個水窪就在裡面蹦幾下。

看到這樣的情況，她媽媽也只能嘆氣、搖頭，說這孩子怎麼這樣淘氣呢？而我則笑說：「這是孩子的天性，也是到了敏感期的表現，就隨著她去吧！」

孩子總是喜歡爬高、走不平的路，很簡單，說明他已經到了行走敏感期。在這之前，孩子習慣用手來認知與探索這個世界。當他學會了走路，並且能熟練地在平地上走路時，內心就會產生一種強烈的欲望——用腳來探知這個世界，探知沙發、樓梯的高度，探知路緣、水窪的「神奇」。當孩子足夠了解它們，滿足好奇心之後，興趣自然就會逐漸降低，然後再探索新的東西。比如從高處往下跳，在高低不平的地方奔跑，或是玩轉圈圈的遊戲。

這些看似頑皮、危險的行為，對孩子的成長是非常關鍵的。透過不斷的嘗試，他學會了用腳感知空間、探索空間，感受到了爬行、走路的樂趣，同時也鍛鍊了雙腳的能力，強化了雙腳、身體的協調性與平衡性。

我們時常說「只有經歷跌倒，孩子才能學會走路、奔跑」，這一點沒有錯。家長總是想把孩子保護起來，抱著他走路、上樓梯，那麼他什麼時候能學會走路？家長總是擔心孩子有危險，禁止他爬高、踩路緣、踩水窪，那麼他又怎麼探索這個世界？

在行走敏感期，孩子或許會摔倒很多次，或許會受很多苦，可這不正是成長過程中必須經歷的嗎？一旦家長因為過度擔心，強行制止孩子的行為，那麼就會打消孩子的好奇心與探索欲，讓孩子失去對空間的探索興趣，失去鍛鍊雙腿的機會。到頭來，孩子錯過了最佳的成長機會，導致空間感知力差、雙腿能力差、身體條件不好，而最終所有的苦難還得孩子自己來扛。

當然，孩子的爬高、從高處往下跳的行為若是存在危險因素，那就絕對不能允許孩子胡鬧了。為了滿足孩子的欲望，同時保護孩子的安全，家長們可以帶他去遊樂場，玩玩充氣堡、兒童攀岩、繩網、攀爬架，或是跳跳床。這些遊戲是有保護措施的，在家長或專業人士的保護下，孩子可以盡情地玩耍、鍛鍊。

我時常看到身邊的朋友帶孩子到遊樂場，鼓勵孩子到充氣堡裡爬高，鼓勵孩子攀爬，有些朋友還會在家裡安裝家庭版溜滑梯。一位朋友曾這樣說：「孩子 2 到 3 歲這個階段是非常重要的，正處於行走敏感期，讓孩子多行走，多玩爬高、蹦跳的遊戲，才能提升手腳、身體的協調能力，使大腦得到發育。孩子不淘氣、不蹦不跳，豈不是成了脆弱寶寶？」

這位朋友的孩子 6 歲了，已經上小學一年級了。正因為她的「縱容」，孩子從小就很調皮，精力旺盛、好動，所以身體條件非常好，比同齡孩子身體協調性強、空間感受力強，而且思維也非常靈活。

孩子的行走敏感期是非常短暫的。一旦這個敏感期消失，他就會對這些行為失去興趣，就會對探知空間、鍛鍊雙腳雙腿失去興趣，從而導致這些方面的能力缺陷。

所以，針對三四歲的孩子，不管是爬高還是喜歡走不平的路，我們都要正確地看待，在做好保護措施的前提下，讓孩子盡情地去探索、行走、攀爬，允許孩子的調皮行為，盡量讓他釋放雙腳、雙腿，盡量讓他去安全地攀爬、蹦跳。不要因為擔心就限制他，不要因為怕危險就過分保護。

反覆扔東西 —— 孩子可以控制雙手了

1 歲多的孩子總喜歡扔東西，你給他玩具、零食、奶瓶，他都會往地下扔，扔完後還讓你給他撿起來，然後繼續扔，一邊扔一邊開心地笑。是不是很頑皮、很惹人生氣？

是的，一般情況下，家長面對這種情況，開始還可能會幫孩子撿東西，但反覆幾次之後，就難免有些生氣了，一些脾氣不好的家長還會訓斥孩子。我勸你千萬不要這樣做，因為孩子反覆扔東西，是他在成長呢！

很多孩子到 8 個月左右，就開始有扔東西的行為了。這時候，他的行為是無意識的，扔完之後就會很興奮，以為自己又多了一個了不起的本領。之後，隨著孩子身體發育越來越完善，手眼協調能力增強，進入了動作敏感期和空間敏感期。他可以有意識地控制雙手了，並且發現手裡的東西是可以離開雙手的，於是開始不斷地扔東西，探知周圍的空間和環境，透過這種行為來認知自己所處的環境。

換一個角度來說，孩子扔東西是動作敏感期的一種正常表現。對孩子鍛鍊身體協調性，增強手腕、手臂力量，以及建立良好的空間感是非常有幫助的。家長應該允許孩子扔東西，而不是阻止與訓斥。

朋朋快 1 歲了，不管手裡拿著什麼東西，都喜歡隨意地扔掉。媽媽遞給他一塊餅乾，朋朋把餅乾抓住，隨後又扔掉了。媽媽又給他一塊，可他還是扔掉，扔掉之後還衝著媽媽「咯咯」地笑。後來，朋朋開始扔桌子上的東西，只要是他能搆得著、拿得動的東西，都會抓起來一頓亂扔。尤其是搖鈴這樣容易產生響聲的玩具，朋朋都會玩一下子就扔掉，聽到發出的不同聲音，看到地上亂七八糟的東西，他還會表現出滿足的樣子。

媽媽知道朋朋這是到了動作敏感期，所以當爸爸說要制止這種行為時，媽媽提出了不同意見，說：「讓他扔吧，這能鍛鍊孩子的運動能力和大腦發育。」著名的教育家卡爾威特曾經告訴我們，孩子和成年人不同，他不可能像大人一樣可以坐在那裡靜靜地思考問題，孩子必須在遊戲的過程中透過觸碰事物，甚至是扔東西，用實際的擺弄和操作來認識世界。要是不懂孩子扔東西背後的含義，不能重視其動作敏感期的引導和訓練，那麼就會對孩子的成長帶來不良影響。

在這個敏感期，家長最好是和孩子站在一起，適當地引導他，並且幫助他養成一種良好的習慣。或許有人會說，那我們就要縱容孩子亂扔東西嗎？當然不是。再來看看朋朋媽媽是如何做的。

為了讓孩子的身體發育更完善，朋朋媽媽為他準備了一些不容易摔壞的玩具，比如毛絨玩具、橡膠玩具，還有一些大小不一的球類。朋朋扔玩具，媽媽不會跟在後面撿，而是等他扔完後教他一件件地撿起來，然後再一一放回原位。當孩子第一次撿回扔掉的玩具時，媽媽給他一個大大的擁抱，說：「寶寶，你真是太棒了！」

每天媽媽都會和朋朋玩扔球的遊戲，朋朋扔出去，媽媽接住或撿起來，或是媽媽扔給朋朋，讓他撿起來。等到朋朋再大一些，媽媽和他面對面站著，拿著球扔過來扔過去。這樣不僅鍛鍊了孩子的雙臂、手眼協調性，還鍛鍊了他的反應能力。

同時，朋朋媽媽還非常注意孩子的安全，把剪刀、玻璃杯等危險品收納起來，絕不讓孩子亂扔。吃飯的時候，朋朋若是扔碗筷，她就會責罵，告知孩子這是錯誤的，是不被允許的。等朋朋不再亂扔餐具了，她也會及時給予表揚和獎勵。

經過媽媽的培養和訓練，朋朋改掉了亂扔東西的行為，同時順利地度過了扔東西的敏感期。朋朋媽媽的做法很值得學習，可我發現生活中這樣的家長並不多見。很多家長遇到類似的情況會感覺不耐煩，會氣得打孩子的小手。但是孩子哭過之後，還是會做這樣的事情，樂此不疲。最後，家長變得嚴厲，有時還會打罵孩子，結果孩子不再「犯錯」，成長也會受到影響。

孩子從出生開始就進入了一個又一個敏感期，很多行為都是正常的現象。爬行、走路、扔東西，這些都證明他進入了動作敏感期。而在 1 到 2 歲這個階段，扔東西就是他最喜歡的遊戲和最愛做的運動了。

從另一個方面來說，孩子稍大一些時，扔東西很可能是為了引起家長注意，渴望得到家長的關注。但因為語言能力不完善，不知道如何表達，於是就用扔東西的行為來向大人表達內心的想法和情緒。比如，孩子想要玩玩具，家長不允許，孩子就會因不滿而直接把玩具扔掉;小朋友和他搶玩具，孩子就會因為內心不滿而扔掉玩具；家長只顧著看手機，不關心孩子，不和孩子玩，孩子就會扔玩具，以此來引起家長的注意。

親愛的家長們，現在你還覺得孩子反覆扔東西是淘氣嗎？你還會極力阻止和限制孩子扔東西嗎？

若是想自己的孩子夠聰明，身體更協調、雙手肌肉更有力，就注重「扔東西」的訓練吧！和孩子玩扔玩具或扔球的遊戲，引導孩子不亂扔東西來發洩情緒，既鍛鍊孩子身體、發展孩子智力，又促進了親子關係的和諧發展，何樂而不為呢？

父母科學陪玩，孩子的運動能力才能正確開啟

好動是孩子的天性。在成長敏感期的孩子，只有多運動、多玩耍才能鍛鍊身體肌肉發展，提升運動能力、協調能力以及思維能力。可我發現很多家長明明知道動作敏感期對孩子的重要性，可還是無法「忍受」孩子給自己帶來的麻煩、煩惱。

在這些家長眼裡，好動似乎成了一個缺點，是頑皮搗蛋的表現。於是，他們對孩子多加限制，希望孩子能接受大人的管教，從而安靜下來。

朋友家的孩子多多 3 歲多了，自從他會走路之後，就沒有一刻安靜下來的。在家裡，他不是爬到衣櫃裡，就是在椅子上、沙發上爬上爬下，要不就是在客廳、臥室間跑來跑去。朋友每次都會立即制止多多，希望他能安靜下來，一是擔心孩子撞到碰到，二是擔心樓下鄰居有意見。為了讓多多安靜，朋友會給他找卡通影片看、找兒歌聽，然後讓他安靜地坐在沙發上。

到公園或社區廣場時，朋友也是小心翼翼地跟在多多身後，時刻控制多多的行為。一次，我有事來找朋友，恰好碰到她在社區廣場陪多多玩。當時其他小朋友都在自由自在地

玩，有的歡快地追逐，有的溜滑梯，有的挖沙子……家長們在不遠處看護，一邊聊天一邊觀察孩子是否有危險的行為。

按理說，3 歲多的孩子完全可以自由玩耍了，只要不攀爬得太高，不奔跑得太快，完全沒有任何問題。可朋友卻過於緊張了，在多多身邊寸步不離，根本顧不上和我說話。孩子想和小朋友追逐，她擔心摔倒，制止了；孩子溜滑梯，她牽著孩子的手，還小心翼翼地在溜滑梯下接應；孩子想玩沙子，她則擔心不衛生，怕其他小朋友揚沙子，迷了孩子眼睛。

對於這樣的行為，我很難理解，便提出疑問：「孩子只是正常玩耍，你沒必要提心吊膽啊！」誰知朋友卻說：「你不知道，這孩子有些好動，總是喜歡爬高、蹦蹦跳跳，前些日子還因為溜滑梯跌倒了，膝蓋弄破了。」朋友滔滔不絕地述說著自己的擔心，可我卻陷入了沉思：這樣的過分保護，真的對孩子有好處嗎？把孩子的手和腳都捆綁起來，硬要他安靜地待在一旁，孩子又能健康地成長嗎？

答案是否定的。這位朋友肯定沒有想過這樣的問題：正處於成長階段的孩子，不運動、不玩耍，身體機能如何得到發展？運動能力如何開發呢？孩子不抓各種東西，手指靈活性如何鍛鍊？孩子不爬上爬下、蹦蹦跳跳，雙腳、雙腿又如何協調？

要知道，孩子的運動能力和潛能都是靠不斷的運動、嘗試、鍛鍊而激發出來的，捆住他的手和腳，硬要讓他安靜下來，就會扼殺孩子的天性，不利於其健康成長。同時，在孩子成長過程中，跌跌撞撞是不可避免的，不讓孩子痛快地玩耍，孩子的精力就得不到宣洩，不但會影響身體發展，還可能影響心理健康。

家長是孩子最親近的人，也是孩子的第一位引導老師。我們不僅不應該限制孩子運動、玩耍，還應該科學地陪玩。比如在室內可以陪孩子玩積木，玩手指遊戲，玩翻跟斗遊戲，玩人體鞦韆遊戲。在室外，則可以陪孩子玩兔子跳、踢皮球、雙腳跳、金雞獨立等遊戲。這些遊戲能調動孩子的手、腳、眼等器官，增強身體的運動能力和協調能力，還可以促進孩子的性格更樂觀、自信、活潑。

一位要好的同學非常重視陪孩子玩，儘管自己平時工作比較忙，孩子由爺爺奶奶帶，可她每天都會擠出時間陪孩子。孩子 1 歲左右，同學發現他喜歡上了捉迷藏，於是便時常陪孩子一起玩，有時讓孩子藏起來，自己來找；有時自己藏起來，讓孩子來找。孩子很喜歡這個遊戲，每次被找到，或是找到媽媽，都興奮得不得了。

同學發明了好多有趣的遊戲：比如用積木搭房子；用皮球和瓶子來碰積木「保齡球」；用玩偶擺一個障礙，讓孩子用最快的速度繞過障礙，取得一些糖果、水果之類的「戰利品」。在這些遊戲中，孩子慢慢地鍛鍊了手腳和大腦，也提升了空間想像力和辨別力。

週末，同學還會帶孩子到公園做各種運動，玩各種遊戲，包括爬山、打球、溜滑梯等任何孩子能玩、想玩的新花樣。為了鍛鍊孩子的腿部肌肉和平衡力，同學還為他準備了平衡車，每週讓他騎上幾圈。

有人問同學：「你每天都陪孩子玩，不覺得麻煩嗎？」

同學笑著說：「一點都不麻煩。和孩子一起玩，是建立親密關係的最佳方式。而且孩子正處於運動敏感期，科學地運動和遊戲，才能健康地成長。」

正是因為同學平時注重科學地陪孩子玩，所以孩子的運動能力得到充分的發展，身心得到健康成長。同學真的很享受陪孩子玩遊戲，所以孩子也感受到了媽媽的愛和支持，性格、心理得到良好發展。

毫不誇張地說，沒有孩子不好動、不愛玩的，而且這些就是孩子的天性，就是孩子的成長。所以，如果你的孩子好動、愛玩，千萬不要因為擔心他淘氣就阻止，千萬不要因為懼怕他受傷就處處限制。捆綁住了孩子的手腳，就等於捆綁住了他的成長，就等於限制了他的發育。

相信這必定不是愛孩子的家長們所願意看到的！既然如此，抓住孩子的運動發展敏感期，多陪孩子玩，科學地陪玩，調動起孩子全身多個部位，如此一來，自然就可以促進孩子手、腳、大腦的發育，促進其運動能力和思維能力的發展了。

腦足手協調力訓練——家有花樣體操運動員

對於幾歲的孩子，吃、睡、玩是頭等重要的事情，也是家長認為最關鍵的事情。絕大部分家長為了讓孩子更健康地成長都會全力保護，想盡辦法讓孩子吃得好，睡得好，玩得好。

可我發現很多家長卻忽視了一件事情，那就是如何合理地讓孩子運動，如何陪孩子更好地運動。這些家長會陪孩子玩，可僅限於安靜地玩，於是讀繪本、玩積木、唱兒歌等成為最受家長歡迎的方式。然而這些遊戲是遠遠不夠的，雖然開發了孩子的智力，鍛鍊了孩子的手、腳，但卻遠遠不如運動更有效果。

對於孩子來說，吃好、睡好、玩好的同時，運動跟得上，手部、腳部肌肉才能得到充足鍛鍊，大腦才能更好地完善發展，從而促使大腦、手、腳、眼等各個部位的協調發展。比如，1 歲多的孩子要注重手臂力量、腿部力量的訓練，提高身體的平衡感、協調感。翻跟斗、比腕力、人體鞦韆、單槓等都是很好的運動方式。

做翻跟斗運動時，為孩子準備瑜伽墊，或比較軟的地墊，教孩子先打開雙腿，嘗試彎下腰身，然後身體往前傾。

一開始，孩子膽子小、沒經驗，家長可以在一旁協助，扶住孩子的大腿、腰部，尤其孩子翻滾時需要保護他的頭部和頸部。

比腕力就簡單多了，家長和孩子坐在桌子兩邊，或是趴在床上，握住孩子的右手，然後引導孩子用勁掰，這樣可以鍛鍊孩子手臂上的力量，使得肌肉更強壯。等到孩子足夠用勁時，家長可以故意輸給孩子，增加他的成就感和自豪感，孩子便更願意做這項運動了。

而人體鞦韆或單槓基本就是爸爸陪孩子做的親子運動了。我家孩子三四歲時最愛和爸爸做這項運動 —— 爸爸站立起來，伸出右手彎曲，然後讓孩子抓住爸爸的手臂，或是前後蕩，或是努力向上運動，做引體向上的動作。

有時孩子的爸爸還會鼓勵孩子抓住「單槓」，然後進行計時，看他能堅持多長時間。有一段時間，孩子每天晚上都抓「單槓」，和自己比賽。開始孩子只能堅持 1 分鐘左右，後來時間越來越長，半個月後竟然能堅持 3 分鐘。

後來，孩子的爸爸把這項運動擴展到室外，時常和孩子到社區廣場的單槓上做訓練，這大大地訓練了孩子手部的抓握能力，強化了手臂的肌肉力量，所以我家孩子比其他同齡小朋友更強壯、力量也更大。

我們常說，運動不僅能強身健體，鍛鍊孩子的肌肉靈活性、協調性，還對大腦發育有很好的促進作用，讓孩子的大腦反應更快，思維敏銳力和記憶力更強。一位醫學博士曾有一個重要的發現：孩子運動後，大腦會產生一種營養素，有利於建立神經細胞間的連結，讓孩子思維更敏捷、記憶力更強。

看看我們身邊，是不是那些愛運動的孩子更聰明伶俐？上學之後，是不是成績也更好？所以，為了讓孩子的身體得到充足鍛鍊，大腦得到充足發展，我們應該多陪孩子運動，從孩子 1 歲開始便引導他做適合的運動，讓他成為一名能蹦能跳、能伸能展的花樣運動員。

朋友的兒子飛飛就是一個花樣運動員，從小在朋友的引導下做各式各樣的運動。幾個月大時，朋友陪他玩人體溜滑梯、翻滾、爬盒子遊戲；2 歲左右，朋友與他比賽金雞獨立、雙腳跳、踢皮球，還陪他學習嬰幼兒游泳。

孩子大一些時，朋友和孩子玩的花樣就更多了：騎平衡車、投球、踢球、伏地挺身，還時常去公園爬山、奔跑等。既和孩子一起運動，又接觸大自然，呼吸新鮮空氣。

飛飛 6 歲時，朋友幫他報了兒童直排輪班，希望他能加強大腦、手、腳的協調性，以及身體的平衡性。有人說：「孩子這麼小，為什麼報名直排輪班啊？這太容易摔倒了，摔一跤有多痛！」沒錯，學習直排輪容易摔跤，飛飛摔過無數次，有一次還把手腕扭傷了。可朋友並沒有放棄，她說：「讓孩子保持一定的運動是非常重要的，增強體力只是其次，促進孩子的智力發展和心理發展才是關鍵。」

沒錯，一個愛運動的孩子，將來不僅身體更健康、體能更強，而且心理更樂觀正面，大腦也更聰明。既然如此，為什麼不在這個關鍵敏感期，加強孩子身體的鍛鍊，讓他養成愛運動的好習慣呢？看看現在的孩子，體質差、肥胖，有些孩子成了木訥的書呆子，儼然就是高分低能的表現。相當程度上，就是因為家長沒有從小培養、引導其運動而引起的。

所以，想要孩子更好地成長並有美好的未來，就從加強運動開始吧！

模仿力、想像力雙重啟迪 ——
手影遊戲

孩子最開始是用雙手來探索這個世界的，小手嘗試著捏、抓、揉、扔、拽，用一切的方法來探知這個世界，感知事物是什麼樣子的，它們的區別是什麼。在孩子的成長中，使用雙手的過程就是認識世界的過程，就是大腦及思維發展的過程。

如果在這個時期，孩子的手能自由活動，越來越靈活，動作越來越複雜，那將來一定就更聰明。所以，家長們應該細心鍛鍊孩子的雙手，讓他嘗試著做各種動作、遊戲。我在這裡推薦一個遊戲 —— 手影遊戲，它可以實現孩子模仿力和想像力的雙重啟迪。

還記得小時候父母教我們用雙手擺出小兔、小狗的模樣，然後用手電筒照射，投影在牆上嗎？這就是手影遊戲。遊戲非常簡單，只要關了燈，準備一支手電筒，然後和孩子一起拿出雙手就好了。雙手或張或合，或展開或彎曲，或握在一起，擺出一個個形象生動的小動物，孩子就歡喜得不得了。

我家孩子的爸爸就把這個遊戲延續下來了，時常陪孩子一起玩。一次，家裡因為線路故障而停電，4 歲的孩子有些害怕黑暗，開始鬧起情緒來。孩子的爸爸為了轉移孩子注意力，便把手機上的手電筒打開，說：「寶寶，我們玩個有趣的遊戲吧！」

說完，他把右手展開，豎起大拇指，然後用左手握住右手，大拇指伸開，同時右手小拇指一張一合。我用手電筒配合，隨即牆上出現了一隻小狗，好像張開嘴一樣。配合著動作，孩子爸爸還發出「汪汪汪」的聲音。孩子一下就被吸引了，大聲地喊道：「呀，小狗狗。爸爸，你是怎麼弄的，我也要學！」

自從那次之後，孩子就迷上了手影遊戲，玩得不亦樂乎。為了滿足孩子，孩子爸爸查閱了很多資料，練習各種動物的表演手法。孩子的模仿能力是非常強的，很快就學會了用手影表演小狗「汪汪」叫、兔子一蹦一跳，還學會了如何表演燕子、孔雀、大灰狼等各種動物。

孩子的爸爸還學會了手影兒歌，教孩子一邊表演一邊唱兒歌：

我在牆壁前，表演一雙手。

變小貓爬牆走，變小狗張大口，

變鴨子水裡游，變喜鵲立枝頭。

太陽公公回家去，喜歡牠們全抱走。

我在牆壁前，表演一雙手。

變公雞咕咕叫，變兔子蹦蹦跳，

變山羊鬍子翹，變黃牛吃青草。

回到爺爺奶奶家後，孩子還興致勃勃地表演給爺爺奶奶、哥哥姐姐看，說自己是最厲害的「魔術師」。

不得不說，手影遊戲真的是很不錯的親子遊戲，因為它不僅可以鍛鍊孩子的手指靈活性，使手指肌肉得到充分發展，還可以調動孩子聽、說、思考的能力，促進孩子左右腦的開發，激發孩子的模仿力和想像力。

神奇的手影遊戲，為孩子營造了一個神奇的世界。在這個世界裡，孩子的雙手可以變化出各種姿態，創造出各種動物。就像繪畫一樣，孩子的模仿力有多強，想像力就有多豐富，這個世界就有多豐富多彩。

正如兒童心理學家皮亞傑所說，智慧的花是開放在指尖上的。加強手部的靈活性訓練，可以讓孩子的大腦更興奮，從而促進大腦的發育。如果你的孩子正處於動作敏感期，那就多陪他玩這個遊戲吧！

我們可以和孩子玩你比我猜，各自表演一個動物，或是一個故事，讓對方猜測動物或故事名字。我們還可以把手影遊戲和故事結合起來，用手影來進行角色扮演。這一點朋友艾菲做得非常好。艾菲的孩子也 4 歲左右，喜歡玩手影遊戲，於是她便把一個個手影演繹成一個個生動的角色，編排出有趣的小故事。

比如，她扮演兔媽媽，孩子扮演小兔子，兩人演繹小兔子乖乖的故事。兔媽媽教小兔念兒歌，教小兔過馬路要看紅綠燈，要愛吃蔬菜、肉類，不要給陌生人開門。再比如，她扮演大灰狼，孩子扮演小兔子，兩人一起演繹小白兔和大灰狼的故事，教孩子如何辨識壞人，如何進行自我保護。

模仿和角色扮演給孩子帶來了快樂，也讓孩子懂得了一些禮儀、規矩、道理，還可以促進孩子身體和大腦的發展。

當然，手影遊戲並不局限於此，只要你能想到的形式，都可以和孩子一起嘗試。當孩子五六歲時，家長可以讓他自己去開發、去探索，從而尋找新的形式。表演的形式越多樣、越豐富，就越能開發孩子的想像力、創造力。

可以引導孩子利用一些簡單的道具，比如剪出蝸牛的房子，配合手指演繹出爬行的蝸牛；再比如利用手套，演繹可愛的兔子。還可以引導孩子做一些簡單的皮影，包括人物、動物、樹木、城堡等，用廢棄的紙箱製作一個皮影匣，演繹一個又一個生動的場景和故事。

皮影的製作和演繹要比手影複雜多了，在畫圖、剪紙、黏紙的過程中，可以鍛鍊孩子的動手能力和想像能力，促進孩子身體各個部位的全面發展，加大孩子心中的成就感。更為關鍵的是，這可以讓孩子的智慧之花在手指間開放！

第五章
公共秩序敏感期：
讓孩子學會守規矩、懂分寸

孩子做事毫無計畫，沒條理，丟三落四；孩子不懂規矩，驕縱任性，總是犯錯；孩子自私任性，不懂得分享……都是因為錯過了公共秩序敏感期。從 2 歲開始，孩子便進入秩序敏感期，若是家長不重視或不及時引導，孩子就很難懂得生活規範、日常禮節，也很難自律。

強調秩序感，
幫孩子認知自己與環境的關係

孩子的執拗，或許是家長最為頭痛的問題：非要在家裡睡覺，突然一天你帶他到外婆家，他便大哭大鬧，死活都不肯上床；非要媽媽坐在飯桌正中央，客人多了，媽媽挪一個角度，他便不樂意了，非要客人離開；門鈴響了，必須是他來開門，若是別人開門，他就讓人家出去，然後自己再重新開一次等等。

很多家長把孩子類似的行為理解為「固執」、「沒事找事」、「任性」，往往會生氣地責罵孩子，甚至不由分說地抓住孩子打一頓。殊不知，這是因為他的秩序敏感期來了。

和大人一樣，孩子的世界也是有秩序的，而且他們對秩序更為敏感。從孩子出生到 4 歲之前，他需要一個有秩序的環境，幫助自己來認識事物、熟悉環境。他需要確定自己的秩序形式，按部就班地睡覺、吃飯、洗澡，井然有序地擺放物品，做事情。

對孩子來說，秩序就是一種安全感。一旦環境發生改變，他就會失去安全感，無所適從。一旦事物的順序發生改變，他就會焦躁不安，甚至出現大哭大鬧的情緒反應。而家長的不理解、責罵，或是打罵，直接把孩子內心的秩序感打破了，讓孩子失去安全感，並受到深深的傷害。這種傷害是非常巨大的，不僅會讓孩子情緒失控，還可能產生更激烈的反應，甚至影響智力、心理的發展。

經常和我家孩子一起玩的小朋友琪琪，原本很乖巧，可進入秩序敏感期時，變得異常固執起來。媽媽收拾屋子，不小心把琪琪放在床頭的布娃娃稍微挪了一點位置，琪琪看到了便不願意了，非讓媽媽放回原位。媽媽說等收拾完屋子再放回原位，琪琪還是不依不饒，開始大哭大鬧起來。

爸爸每天回家，琪琪都幫忙把鞋子放進鞋櫃。那天，爸爸回來時，琪琪正在洗手間洗手，等她出來時，爸爸已經把鞋子放好。這下，琪琪的情緒不好了，哭著說爸爸是壞人，還把爸爸的鞋子扔到地上。

一天，媽媽帶琪琪到公園玩，因為著急出門，把鞋子隨便放在鞋櫃上就準備出發。可琪琪卻說媽媽放錯了位置——原本媽媽的鞋子應該放在鞋櫃第二層，爸爸的鞋子放在第一層，這次媽媽隨手就把鞋子放在了第一層。媽媽說：「我們回來再放好，可以嗎？」可琪琪就是不同意，非要讓媽媽把鞋子放好。

爸爸媽媽覺得琪琪這是任性、無理取鬧的行為，便決定不縱容她，開始責罵她，希望她能盡快改掉壞毛病。可沒想到，琪琪的「固執」不僅沒好轉，反而愈演愈烈。而接下來，琪琪更容易情緒失控，動不動就大哭大鬧，還容易受到驚嚇，甚至生病。

媽媽帶琪琪到姑姑家玩，因為天氣不好不得不住一晚。白天，琪琪還玩得很高興，和姐姐玩遊戲、玩玩具，可臨睡覺前卻大哭不止，一直喊著要回家。媽媽以為孩子哭一下子就好了，可事實並非如此，琪琪哭得都出現了抽搐的現象。無奈之下，姑姑只好連夜把她們送回家。沒想到剛到家，琪琪馬上就停止了哭鬧，在床上很快就睡著了。

其實，琪琪之所以容易情緒失控，容易受驚嚇，是因為她的秩序感被破壞了，思想、心理已經混亂了，內心失去了安全感。而她之所以容易生病，會哭得抽搐，是因為心理的缺失感，導致了生理上的疾病。若是琪琪的父母再忽視琪琪的心理需求，破壞她的秩序感，那後果恐怕更嚴重。

秩序感是孩子成長過程中最重要的，是生命的一種需求。一旦孩子的秩序感被破壞，那麼就會如同在森林裡迷失一樣，沒有安全感，很容易情緒失控，從而造成情緒和人格的發展不良。同時，孩子在生活中會很容易失去規則感、條理性，精力無法集中在任何一件事情上，無法持續做完任何一件事情。

所以，身為家長，我們應該尊重孩子的生命秩序。在他的秩序敏感期內，不要隨意改變他的生活環境，不要隨意阻止和干涉他的有序行為，更不能不分緣由地責罵、訓斥。我們應該有足夠的愛心和耐心去引導他，為孩子提供一個有序的環境，盡量不對居住環境做出太大的改變，盡量不在外住宿。

可有的家長會說，「即便我們再小心也有出錯的時候，這個時候應該怎麼辦？」其實很簡單，我們不要因為孩子哭鬧而煩躁，也不要因為孩子固執而發脾氣。我們可以選擇輕輕地擁抱孩子，然後溫柔地說「寶貝，你是不是覺得不舒服？媽媽知道，你不是故意發脾氣的，對不對？」、「東西亂了，沒關係，我們重新擺好就可以了。」同時，還要適度轉移孩子的注意力，比如孩子不喜歡在別的床上睡覺，可以在睡前和孩子玩遊戲，講故事給孩子聽。

慢慢地孩子順利度過了秩序敏感期，就會建立良好的秩序感。良好的秩序感建立了，自然就在生活中更守秩序了，做事有條理且專注，遵守規則，並且把日常生活規則化。

在這裡，我還需要提醒家長們，秩序敏感期對孩子的成長也是至關重要的。到了秩序敏感期，孩子除了有強烈的追求固有秩序的欲望，還有強烈的不安感、恐懼感。我們一定要理解和關注孩子的行為，接受孩子的情緒發洩，給予他鼓勵、關懷和尊重。同時，用傾聽和積極回應來代替責罵、制止。

當不得不改變環境時，我們也不應該採取強硬的態度，或是嫌棄他太麻煩、太固執。給予孩子支持和理解，傾聽孩子的需求，盡力把孩子的不安降到最低，自然就可以解決問題，並促進孩子健康成長。

以保護天性為前提，和孩子一起定規矩

現在我問一個問題：你替孩子定過規矩嗎？

有的家長會說「孩子還小，哪懂什麼規矩？」、「孩子知道什麼，給他立什麼規矩？這不是限制孩子嗎？」有的家長則說：「我們應該給孩子自由和愛，讓他無憂無慮地成長！」總之，絕大部分人認為，孩子還小，沒必要定規矩。

要知道，孩子的成長需要自由和愛，也需要規矩。這兩者並不矛盾。對孩子定規矩，其實是更愛孩子的表現。尤其是在公共秩序敏感期，教會孩子懂規矩，讓孩子知道什麼可以做什麼不可以做，什麼是被允許的什麼是被禁止的，更容易讓孩子養成良好習慣、形成良好人格，成為懂事守規矩的小淑女或小紳士。

可若是家長不替孩子定規矩，孩子就會成為脫韁的野馬，在自己的小世界裡瘋狂。小小的孩子，驕縱任性，吃東西沒完沒了，看電視想看多久看多久；隨意罵人，隨手就打小朋友；在公共場合大吵大鬧，隨手亂扔東西……時間久了，就成了別人眼中的「搗蛋鬼」，也替自己和家長帶來了麻煩。

誰願意自己的孩子成為缺少管教的反面教材呢？相信沒

有任何一個家長願意吧！可遺憾的是，我發現總有一些家長過度地愛孩子，從他出生開始，就給予「最大的自由」，讓孩子的吃喝拉撒睡都非常隨意，讓孩子的一言一行都不受約束。

我們班原來有一個名叫小小的男孩，從小是爺爺奶奶帶大的，因為爺爺奶奶很溺愛他，不管任何要求都無條件滿足，所以性格驕縱、任性、霸道。在和爺爺奶奶生活的那段時間，小小要看電視，爺爺奶奶就一直讓他看，經常到晚上 11 點多。小小想吃冰淇淋，爺爺奶奶就給他買一大箱，還說：「寶貝，你想吃幾個就吃幾個，吃光了，我們再去買。」玩鬧時，小小故意打爺爺的臉，爺爺還樂呵呵的很開心。小小打小朋友，爺爺也不阻止，還說「這不是壞行為，是正常的社交手段」等。

3 歲時，爸爸媽媽把小小接到身邊，因為對孩子有愧疚心，想多彌補彌補。所以，他們對小小有求必應，不管是吃的、穿的還是玩的都一律滿足。他們明知道應該給孩子定規矩，約束一些不好的行為，可還是選擇了縱容。

接下來，小小更加驕縱，想做什麼就做什麼，而爸爸媽媽也只是淡淡地說「這樣不對」、「不可以這樣哦」。結果，在幼兒園時，小小與其他小朋友的矛盾就顯現出來了，隨意搶別人的玩具，隨意打人、罵人。同時，小小也屢次「挑戰」老師定下的規矩——老師讓排隊領取食物，他一聽就噘起嘴巴，說「我不要，我要第一個」；老師安排孩子們睡午覺，他大聲喊「我才不要，我想什麼時候睡覺就什麼時候睡！」

長期被寵溺的小小，從來不守規矩，也不知道規矩是什麼。到了小學時期，性格更加驕縱，總是故意搗亂，我行我素。這讓老師很頭痛，而他的爸爸媽媽想管也管不了了。

很顯然，小小成了人人不待見的「搗蛋鬼」。可我不得不說，這並不能怪孩子，因為沒有人告訴他什麼是不對的，什麼是不允許做的。小小的爸爸媽媽，包括爺爺奶奶明知道孩子的行為是錯誤的，卻沒有告訴他這是不對的，這是不被允許的。他們愛小小，可這份深厚的愛也讓他們失去了原則，成為害孩子的「罪魁禍首」。

孩子的成長，是不斷被約束的過程。為孩子樹立規矩，這不妨礙我們愛孩子，相反這更展現了我們對孩子的愛。只有這樣的愛才是恰當的、負責的，不是嗎？

當然，替孩子定規矩，並不是說用規矩困住孩子，讓孩子失去獨立自主的權利。若是這樣的話，家長的做法就過猶不及了，很容易限制孩子的快樂，讓孩子失去獨立的性格，失去自信樂觀的心理。

規矩與自由並不是相互對立的。一旦家長忽略孩子的自由，絞盡腦汁為孩子制定各種規矩，就會讓孩子泯滅天性，身心得不到健康的成長。一開始孩子還會守規矩，願意配合家長。可沒多久，孩子就會反抗，不斷地挑戰規矩，用惡作劇的心態享受與家長作對的快樂。

所以，當你的規矩總被孩子推翻時，不妨好好地反思一下，看看規矩是否太嚴苛，是否違背了孩子的天性，是否故意為難他們。比如，不能吃零食，任何零食都不可以；不能看電視，1分鐘也不行；在公園裡不許跑跳……這樣的規矩，怎麼能強迫孩子必須遵守呢？想一想自己小時候，是不是也討厭那些嚴苛的規矩？

給予孩子理智的愛，以保護天性為前提，為孩子定規矩，這是身為家長最應該做的。如果我們這樣做了，就會發現孩子不再是人人討厭的「搗蛋鬼」，而是健康快樂、懂事懂規矩的好孩子了。

孩子犯錯以後，要教會他承擔責任

調皮是孩子的天性，犯錯似乎也不可避免。在五六歲這個年齡層，孩子懂得一些道理，可還處於懵懂、無意識的狀態，什麼都想試一試，什麼都敢做一做。或許他不知道某件事情是不對的，出於好奇心，往往看到別人做了便去模仿了。或許他內心知道什麼是錯的，什麼是不被允許的，可還是控制不住內心的欲望，做了不該做的事情。

孩子犯了錯，最考驗的是家長。有的家長捨不得說、捨不得打，對孩子的錯誤聽之任之，或只是表面說幾句，沒有正面教育孩子。可這明顯是錯誤的，長此以往孩子就會缺乏是非觀念，在家裡和外面都無法無天，成為令人討厭的「搗蛋鬼」。

古人曾經告誡我們，不以惡小而為之，在孩子犯錯這個問題上，我始終認為容不得一點溺愛與縱容，否則就會讓孩子在錯誤的道路上越走越遠。然而，很多家長卻不懂這個道理，孩子故意摔壞了東西，家長毫不在意，「孩子嘛，犯個小錯也沒什麼」；孩子任性，因為要求沒被滿足而胡鬧或打人，家長一笑了之；孩子欺負其他小朋友，連續幾天打哭人家，家長過來袒護，「哎呀，小孩子鬧著玩，沒什麼的」；孩子在外面搗蛋，妨礙了其他人，家長則理直氣壯地「護短」，「他只是小孩子，你這麼大人了，怎麼還和孩子計較？」

這些家長以為孩子只是不小心犯了錯，長大了就會好了，殊不知正是因為他們的不及時引導，讓孩子失去了是非觀，沒有責任心，不懂約束自己。這些家長以為自己成了孩子的保護傘，殊不知正是因為他們的縱容、保護，一步步把孩子推入深淵。

網路或報紙上經常報導這樣的新聞：14 歲的男孩猥褻同班同學，女孩父母憤怒地找上門，想要報警處理。男孩家長卻把男孩護在身後，為其辯解：「孩子才多大啊，只是鬧著玩而已。」還妄想賠點錢私了。女孩家長不肯罷休，幾天後，被罵了幾句的男孩竟然在深夜闖入女孩家中，用刀殺害了女孩一家人。

男孩犯了大罪，害了女孩一家，也害了自己。可仔細想一想，難道不是男孩家長的問題更大一些嗎？我們可以想像到：在男孩的成長過程中，家長一定是無比溺愛的，男孩犯錯之後，家長總是包庇的、縱容的。一開始，男孩可能只是無意識地犯一些小錯，隨著年齡成長，父母一味地縱容，使他缺乏自控力和是非觀，結果在歧路上越走越遠，最後犯下如此人命關天的大錯。相信男孩家長也是悔不當初吧！

還有一個十三四歲的男孩迷上了網路遊戲，偷偷拿家長的手機玩遊戲，還多次打賞直播主、買遊戲裝備，短短一個多月的時間竟然花掉了父母近十萬元的積蓄。父母發現之後，立即連絡遊戲公司與媒體，希望能要回孩子所儲值的錢。好在公司念在孩子年紀小，返還了這筆錢。

可沒過兩個月，男孩竟然又犯了同樣的錯誤，玩遊戲、買裝備，偷偷花掉好幾萬塊。這一次，父母再次找到遊戲公司與媒體，希望能再次要回這筆錢。然而，這次他們卻遭到拒絕。

短短兩個月時間，男孩連續犯兩次這樣的大錯，可想而知，第一次他沒有意識到自己的錯誤，也沒有意識到問題的嚴重性。而他的父母很可能根本沒教育他，若是父母能及時讓他意識到錯誤，教會他承擔責任，結果又怎會如此呢？

每個孩子一出生，天然就有一個精神胚胎。而這個精神胚胎以後會變成什麼樣子，父母的引導至關重要。孩子不知道錯誤的嚴重性，家長肯定知道，孩子沒有是非觀念，家長肯定有。孩子是否能知錯就改，是否能承擔責任，完全取決於家長的態度和引導。

所以，當孩子犯了錯，就算他年紀再小，就算這個錯誤再「微不足道」，家長都應該第一時間教育他，並告訴他這種行為是錯誤的，是不被允許的。家長還應該讓他學會承擔責任，比如打破了杯子，要自己打掃乾淨；欺負了小朋友，要道歉，爭取人家的諒解。慢慢地引導孩子，給出一個正確的方向，孩子才能知錯就改、少犯錯、不犯錯，進而形成良好的品格，養成良好的習慣。

但要注意一點，我不是說只要孩子犯了錯，家長就要給予嚴厲的處罰。教育需要講究方式方法，講究一個度，成長期的孩子犯錯是不可避免的，除了不能縱容，也不能過於嚴厲。只要孩子一犯錯，家長就非打即罵，這種方式同樣發揮不了什麼效果，還可能讓孩子產生反抗心理。

然而，現在實行體罰教育的家長可不少，動不動就罰站、大聲訓斥，甚至是動手管教。曾經有一位家長向我諮詢：「我家孩子 6 歲了，平時總是小錯不斷、大錯偶爾犯，我們已經管得很嚴了，可他還是一而再再而三地犯錯，就連打罵都不怎麼管用。」

今天孩子偷偷拿了媽媽的零錢，買了自己喜歡的零食。媽媽發現後，就劈頭蓋臉地罵一頓，還讓孩子保證不再犯類似的錯誤。可明天他又偷玩遊戲，還用爸爸的信用卡儲值買了好幾千元的遊戲裝備。

孩子今天作業沒完成，被老師罵，他因為怕被父母責備、體罰，就偷偷地模仿了爸爸的簽名。最後被老師發現而告知家長，又免不了一頓打罵。

沒過幾天，老師又向家長反映問題 —— 這次不是冒用簽名，而是抄作業。

其實，這就是典型受父母打罵教育的孩子，父母總想用打罵來促使孩子改變，不再犯錯，結果發現這一點都不管用，還造成反效果。

所以，身為家長我們必須明白：孩子犯錯之後，第一時間不是包庇、縱容，也不是打罵、懲罰。最關鍵的是，要教會孩子了解什麼是對的，什麼是錯的，教會孩子勇敢地承認錯誤，並及時改正。

這個世界上沒有十全十美的孩子，很多時候孩子可能因為認知不夠、經驗不足而犯錯，也可能因為控制不住自己而犯錯。但不管什麼原因，孩子犯錯是正常的。只要家長能採用適當的態度和教育方式，給予孩子正確的引導，那麼孩子就可以學會知錯、改錯，學會承擔責任，成為一個敢作敢當的人。

不強制孩子做「違心事」，尊重孩子的自我規則

5 歲左右，孩子的社會秩序敏感期開始出現，這個階段，除了固執、嚴格遵守秩序，還可能因為別人改變秩序而焦慮不安，或因為被強迫做「違心事」而痛苦、煩躁。

孩子有了自己的規則，比如，有了「你的」、「我的」的概念，並且明確記住一個原則：玩具是我的，不能給別人；做事有自己的順序，保持著自己的速度。若是家長強迫他分享玩具，或是打亂他的做事步驟、速度，強迫他快點，那麼孩子就有可能因為自我規則被破壞，導致內心出現焦慮、不安、恐懼等情緒。同時，孩子是敏感的，思想是單純的，一旦家長要他按照自己說的去做，他的思想就會變得混亂，認知就會產生偏差，從而影響是非的判斷、秩序的確定。

就拿分享來說，這是孩子始終繞不過的話題，也是家長感到頭痛的話題。不妨想想，你是否遇到過類似的情形：幾個小朋友在公園裡玩耍，你家寶寶手裡拿著零食，一個小朋友眼睛直勾勾地盯著，你會怎麼做？你正陪孩子盪鞦韆，旁邊有一個小朋友跑過來，說「阿姨，我也想玩鞦韆」，你又會怎麼做？

相信很多家長為了讓孩子不霸道、不自私，便會強迫孩

子分享，強迫讓孩子認為分享是一件快樂的事情。因為家長認為孩子應該學會分享，否則就會不善於與人溝通、不受人歡迎，從而交不到朋友。

一天，我陪孩子在社區公園玩，看到鄰居也在陪女兒琳琳玩。琳琳看到鞦韆上沒人，立即坐了過去，還讓媽媽在後面推她，玩得不亦樂乎。沒過一會兒，一位媽媽領著小男孩來了，男孩嚷嚷著說要坐鞦韆。媽媽剛要說話，琳琳便大聲喊道：「不，這是我先坐上的，你不能玩！」

那位媽媽客氣地說：「小朋友，弟弟也想玩，你讓他玩一下子，好嗎？」

誰知琳琳再次拒絕：「不要！我先得到的，只有我能玩。這是規矩！」

見那位媽媽臉色有些尷尬，琳琳媽媽勸說道：「琳琳，你要乖！你已經玩了一會兒了，而且弟弟還小，讓他玩會，好嗎？我們應該學會分享，知道嗎？」

可媽媽不管怎麼說，琳琳就是無動於衷，堅持說：「我先來的，我還沒玩夠呢。」此時，小男孩大哭起來，喊著要玩鞦韆。而琳琳媽媽面子掛不住了，板起臉來，罵道：「你這孩子，怎麼這麼自私！小弟弟都哭了，你就不能讓一讓嘛！你再這樣，我就生氣了！」媽媽這一罵，琳琳也委屈地哭了起來，大喊一聲：「你們都是壞人！哼！」然後就跑開了。

事後，我問這位鄰居：「孩子不願意分享，你為什麼要強迫呢？」

鄰居無奈地說：「我覺得孩子應該學會分享，這對她之後與人交往有好處，否則孩子很可能變得自私、霸道。現在琳琳已經有自私的跡象了，經常把一句話掛在嘴邊，「這是我的東西，我做主」之後，鄰居講了近期的一件事情：

那天琳琳的表弟來家裡玩，和琳琳一起玩玩具。開始兩人還玩得很高興，可不一下子，表弟就哭著出來了。原來，表弟想玩琳琳的小熊，可琳琳說什麼也不同意。媽媽見到這種情況，說：「琳琳，你要把玩具分享給弟弟，不能太霸道哦！」琳琳也哭著出來，說道：「我已經分享他一個玩具了，可是他就想要我的小熊。這是我最喜歡的，我就不要分享！」事情的結果是，媽媽把琳琳責罵了一頓，而琳琳和表弟則哭成一團。

最後，鄰居嘆了一口氣，說：「你說這孩子是不是有問題，不懂得分享，自私、霸道。我真不知道她為什麼這樣！」

我笑著說：「可是你有沒有考慮過這是你的問題呢？正是因為你強制孩子違心地分享，破壞了孩子的規則，這才適得其反，讓孩子產生反抗心理。」聽了我的話之後，鄰居陷入了思考。

當孩子遵守自己的規則，不願意分享時，身為家長的我們應該給予理解和支持，而不是說他「自私、霸道」，是個「小氣鬼」，更不能強迫他分享，強制灌輸分享的觀點。強迫，會讓孩子心理受傷，更會讓孩子天性發展受到限制。

我希望家長們明確一點：自我規則的確定對孩子是非常重要的，這決定了孩子的自我認知和人格發展。一旦這個規則被打破，孩子就會陷入混亂，甚至表現出極端的情緒和心理。在這個階段，家長應該積極引導，慢慢地讓孩子懂得分享的道理，慢慢地讓他樂於分享。只有在遵守自我規則的基礎上，讓孩子享受做這件事的樂趣，才能養成良好的品格與習慣，成就最好的自己。

萬物都按照自我規則在成長，孩子也是如此。我們尊重孩子，尊重孩子的意願和規則，不強迫、不控制，如此孩子才可以更自由、更健康地成長。

把別人東西拿回家——只要是我喜歡的，就是我的

家長最不能容忍孩子的行為，那便是偷東西。如果發現孩子有偷東西的行為，那是一定要嚴懲不貸的。因為這不只涉及品格、道德的問題，更涉及法律的問題，一旦孩子養成偷盜的惡習，長大後仍不能改正，便可能走上犯罪的道路。民間不是有這樣一句俗話嗎：「小漢偷挽匏，大漢偷牽牛」。

可是，孩子小時候的「偷」真的是我們理解的「偷」嗎？他的哪些行為必須嚴懲，又有哪些行為是可以理解的，需要家長耐心地引導？其實，孩子 6 歲到青春期之間的行為才算是真正的偷盜，而 3 到 6 歲期間的行為並不是真正的偷盜。他之所以偷拿別人的東西，是因為喜歡、想要占有，在他的思維裡有一個很簡單的想法——「我喜歡的，就是我的」、「我喜歡的，我就要拿回家」。

鄰居家有一個 3 歲的小男孩，名叫樂樂，正在上幼兒園小班。一天，在回家的路上，遇到鄰居正在責罵樂樂，而樂樂卻一副不服氣的樣子，嘟著嘴，滿臉不高興。詢問之後才知道，樂樂最近幾天出現了偷拿別人東西的「壞行為」。

那天，鄰居接樂樂放學，發現書包比以前重了一些，一檢查才發現多了幾個玩具，小汽車、拼圖，還有幾個漂亮的

橡皮、尺子。鄰居心想：這是哪裡來的玩具和文具，難道是從幼兒園偷拿回來的？聽說現在小孩都有偷拿別人東西的習慣，我家樂樂不會也是這樣吧？

於是鄰居趕緊問樂樂：「寶貝，你這些玩具和文具是哪裡來的？」

樂樂高興地跑過來，說：「玩具是幼兒園的，橡皮和尺子是曉麗的，我看它們很好看，就拿回家了！」

鄰居聽了之後，就嚴厲地責罵道：「你這是偷東西！不是你的東西，你怎麼能偷拿呢？」

樂樂顯然被媽媽嚇壞了，委屈得想哭。鄰居打斷他，繼續說：「不許哭，說為什麼要拿別人的東西？你這麼小就偷東西，長大還得了？」、「今天罰你不許吃飯，然後明天必須把東西還給幼兒園和曉麗！」

鄰居以為經過自己的嚴厲責罵，樂樂會記住教訓，不再犯錯。可今天，她又在樂樂的書包裡發現了不屬於他的文具。鄰居無奈地和我抱怨說：「小小年紀就養成偷東西的習慣，長大了可怎麼辦？」、「你看他，我責罵他，他還一副不服氣的樣子，真是太氣人了！」

我很理解鄰居擔心孩子變「壞」的心思。可不得不承認，她的認知和行為都是有偏差的。發現樂樂偷拿別人的東西之後，鄰居詢問了孩子東西的來源，可沒有弄明白孩子這樣做的原因。接下來，鄰居嚴厲地訓斥和懲罰孩子，嚴重傷害了孩子的心，不僅沒有讓他改掉壞行為，反而開始變本加厲。

聽了鄰居的抱怨，我笑著說：「其實，這件事是你太大驚小怪了。3 歲左右的孩子，『偷拿別人的東西』是正常現象，因為他還沒有明確『你的、我的、他的』的概念，認為只要是我喜歡的，就是我的，就可以拿回家。即便他有了這個概念，可還不知道什麼是對的、什麼錯誤的，有時會因為強烈的占有欲，想辦法得到自己喜歡的東西。」

鄰居驚訝地說：「那樂樂這個行為是正常的，不算是偷東西？」

我繼續解釋說：「沒錯，這不算是真正的偷，我們不能給孩子貼上『偷』的標籤。」

鄰居著急地問道：「那我應該怎麼辦？就任由他拿別人的東西嗎？」

我笑了笑，說：「並不是，我們需要正確地引導孩子。我們要告訴孩子，這個東西是幼兒園的，是其他小朋友的，不經過別人允許是不能拿回家的。同時還要讓孩子明白，拿別人東西一定要徵求別人同意，可以詢問：『這個玩具可以借我玩嗎？』、『老師，我喜歡這個玩具，我可以拿回家玩一天嗎？』」

聽了這些話，鄰居點了點頭，說會嘗試嘗試。經過一段時間後，我再次碰到這位鄰居，她高興地說：「你的辦法真的很有效，樂樂確實不再偷拿東西了，真是太感謝你了！」

沒錯，找到了正確的方法，那麼教育孩子便會變得順利且有效很多。家長們應該知道，對待孩子，尤其是年紀比較小的孩子，嚴懲絕非好方法。在沒有弄清楚孩子心理需求的情況下，企圖用嚴懲來讓孩子改掉所謂的「壞」行為，那只能適得其反，並且給其造成很大的心理傷害。

孩子的規矩和習慣是需要一步步引導和培養的，家長在平時給予正確引導的同時，特意強化一些良好的行為，慢慢地，孩子便會建立與人相處的規則，養成良好的行為習慣了。同時，家長要利用孩子的同理心，比如當發現孩子偷拿別人東西時，不要著急，不要馬上責罵，而是對他說，「這是小朋友喜歡的玩具，對不對？要是他發現玩具丟了，是不是很傷心？你最愛的玩具丟了，是不是也很傷心？」孩子都是有愛心、同情心的，聽到別人傷心、難過，自然就不會再偷拿別人的東西了。

除此之外，家長還應該多關心孩子，耐心地與孩子進行交流，引導孩子說出內心的想法。因為很多時候，孩子偷拿別人的東西，只是為了引起家長的注意 —— 家長平時很忙，缺少對孩子的關心，只有發現孩子犯錯時才會溝通 —— 即便溝通的方式只是責罵或訓斥。

總之，我們需要耐心、細心地關注孩子，發現孩子偷拿了別人的東西，千萬要控制住自己的情緒。不嚴厲「審問」，不急於嚴懲，告訴孩子別人的東西不能隨意侵占，鼓勵孩子主動歸還，才不會讓孩子的「無意偷拿」變成「故意偷竊」，才不會讓孩子養成偷盜的惡習。

培養孩子的界限感，尊重和保護自己與他人的基本權利

什麼是界限感？

很簡單，就是懂得分清自己和他人之間的邊界。沒有界限感的孩子，是沒有約束自己行為的意識和能力的，往往會侵犯到他人，同時他也守不住自己的權利，不懂得自我保護。

其實，在孩子 2 歲左右，就應該培養他的界限感。這個年紀的孩子，已經開始有了自我意識，能夠分清「你的」、「我的」、「他的」了，能夠區分「好的」與「壞的」。可似乎很多家長並沒有意識到這一點，對孩子只是縱容、溺愛、袒護，或是不以為意，只要不出現大問題便不作聲。

一天，在社區花園的一角看到兩個孩子發生爭執：幾個孩子正在玩挖沙的遊戲，一人一個工具。可其中一個男孩丟下自己的小鏟子，非要搶另外一個男孩的小鏟子，只因為人家的鏟子顏色好看。第一個男孩的媽媽微笑著說：「乖寶寶，你們交換一下吧！反正鏟子都是一樣的。」有了媽媽的「助陣」，男孩更強勢了，一把搶了人家的鏟子，然後高興地玩了起來。

另外一個男孩的媽媽有些不高興，可看孩子只是看看自己，沒有哭泣，便也不好說什麼了。這位男孩媽媽的想法很

簡單：「孩子還小，不懂事，沒必要大驚小怪！」、「孩子總在一起玩，家長也是熟人，鬧得太僵，也不好。」

然而我認為這兩位家長的做法都是不恰當的，忽視了孩子界限感的培養。第一位男孩，在家裡必定是以自我為中心的，認為所有的東西都是自己的，即便是出門在外，也是霸道、自私的，喜歡搶別人的東西。而家長呢？任由孩子的行為過界，圍著孩子轉，他想要什麼就給他什麼，甚至還親自與別人交涉，讓別人遷就自己的孩子。

可想而知，這個孩子暫時得到了好處，可因為缺乏界限感，將來可能變得更自私、霸道，只知道索取不知道付出，想得到什麼就要什麼，把一切都看成理所當然。慢慢地，這個孩子會變成別人口中的「搗蛋鬼」，甚至無法無天。而這樣成長的代價，往往是孩子和家長不能承受的。

與之相反的是，有些家長就重視孩子界限感的培養，從小就讓孩子分清「你的」、「我的」，讓他知道什麼該做什麼不該做。

很久以前，我看過一檔綜藝節目，節目中一位藝人談論自己和女兒的相處之道時，說了一個有趣的故事。一天，女藝人準備穿一條漂亮的裙子出門，可女兒也想穿，便和媽媽搶了起來。最後，女藝人並沒有妥協，穿著裙子高高興興地出門了。有人問她孩子這麼小，你為什麼不讓著她。

可女藝人說：「不行，這是我的，我賺錢買的。這件衣服的所有權屬於我，沒理由因為孩子年齡小，就必須讓著她。否則孩子就會總想著搶別人的東西，長大後也是如此！」

很簡單的一件事情，卻明確地告訴了孩子什麼是界限感，即使她很小，也是不可以越界的。若是家長教育好了，引導好了，那麼孩子就不會看著別人有好東西，便吵鬧著要，甚至動手搶。

同樣，第二位家長的做法也會害了孩子。因為缺乏界限感，他不懂得爭取和保護自己的利益，被搶了玩具，內心雖不滿、不情願，可不知道反抗或提出反對意見。久而久之，就會習慣妥協、屈服，甚至認為這是理所當然的。他很難清楚什麼是自己應該捍衛的，什麼是自己應該爭取的，然後在未來的生活中即便受到傷害或侵犯也不會有反抗意識，甚至不會逃離、拒絕、抗議。更為嚴重的是，一些孩子尤其是女孩，身體受到了侵犯，卻只能默默忍受。

另一方面，他沒有你我的界限，沒有分內與分外的概念，與人交往時不會拒絕，不會保護自己。自己的事情，他自己做；別人的責任，他也自己扛，不懂得拒絕，分不清分內與分外，若是能讓孩子從小懂得保護自己、尊重自己，就能阻止許多悲劇上演。

如果不想你的孩子長大以後，在人際交往中成為「搗蛋鬼」或「出氣筒」，就應該儘早培養他的界限感。明確地告訴孩子：自己的身體和權利，要學會保護和捍衛；別人的東西，不要去搶、去要，別人的事情不要干涉。分清自己和別人的界限，不過於自私，肆意侵犯他人的利益；也不過分無私，不懂得保護自己的權利。如此一來孩子才能健康地成長，擁有高情商和良好的人際關係。

第六章
行為習慣敏感期：塑造孩子的自律與堅韌品格

3 歲左右，孩子進入行為習慣敏感期，喜歡模仿大人，開始有自己的意識，同時開始有反抗的心理。這個時期，家長要及時給予孩子合理的引導，教會他什麼可以做什麼不可以做，從而加強自我約束力。同時，家長要扮演好老師的角色，為孩子做好榜樣和示範。

孩子愛說髒話，是不是在學你呢？

很多家長都聽過孩子說髒話，「你就是醜八怪、大壞蛋！」、「臭屁，大臭屁媽媽！」、「我要打死你！」、「這都做不好，真是個大笨蛋！」每當這個時候，家長都會感到羞愧、無奈，不清楚孩子為什麼喜歡說髒話。

其實，孩子之所以喜歡說髒話，是因為詛咒敏感期來了。這是孩子成長的必經階段，一般在 3 歲左右出現。這個時期，孩子進入了語言學習期，對各種語言都表現出極高的興趣，接觸到一些髒話、帶有詛咒的話後，就喜歡不分場合地使用。他發現自己說髒話時，家長會表現得很激烈，或是生氣，或是急忙制止，或是打自己的小屁股，感覺這樣特別有趣，於是他越是遭到家長制止，就越喜歡使用髒話或帶有詛咒的話。

豆子 3 歲了，變得頑皮起來，只要不順心就會嘟起小嘴，大喊「臭媽媽」、「大壞蛋」。媽媽聽到豆子說髒話，就會皺起眉頭，或是板起面孔。豆子不僅沒有收斂，反而說得更多了。在家裡，什麼「臭媽媽」、「大臭屁」之類的髒話不斷，在外面也時常罵人，不是罵小朋友「醜八怪」、「大笨蛋」，就是說「我咬你」、「打死你」、「我要踢死你」。

過了一段時間，豆子的詞彙變多了，說出的髒話也更多了。媽媽開始只是嚴肅地糾正，板起臉責罵他，後來便會生氣地訓斥他，「不要說這樣的話了，你再說髒話我就打你了！」、「你這孩子太不聽話了，以後不許再罵人。」可媽媽越生氣，豆子說得越起勁。

現在總有小朋友向豆子媽媽告狀，說豆子總是喜歡罵人、詛咒人。而豆子媽媽也頭痛不已，不知道孩子為什麼屢教不改。事後豆子媽媽查閱了相關資料，這才明白原來是因為孩子進入了詛咒敏感期。在孩子看來，這些話是有趣的，媽媽的反應是新奇的，也是很有意思的，所以他便一直重複這樣的行為。

豆子媽媽仔細觀察了豆子的行為後，發現當他說出髒話引起小朋友大哭或不高興，或是媽媽生氣時，他自己便會表現得高興、得意。很顯然，他是樂於看見別人這樣的反應，因為他已經見識到了「詛咒」的力量 —— 這樣說話會引起別人注意，於是他便樂此不疲地使用起來。

於是，豆子媽媽決定採取冷處理的方式。每當豆子說髒話時，不再生氣或責罵，而是假裝沒聽到，不再做任何回應。同時，豆子媽媽開始尋找孩子學會說髒話的源頭，原來這完全源於自己，自己總是開玩笑地說豆豆「臭小子」、「臭豆子」。

接下來，豆子媽媽不再和豆子說這樣的話，責罵豆子時也不再說「你不聽話，就打你了」之類的話。當豆子說「臭媽媽」時，她開始嘗試用好的語言去回覆，「不是臭媽媽，是香媽媽哦！」當豆子說「打死你」時，她開始激發他的同情心，「嗚嗚，打人會痛哦！」一段時間下來，豆子果然慢慢減少罵人和詛咒的語言，開始學會用一些好的語言。

我想說，家長千萬不要把孩子愛說髒話這個行為看得過於嚴重了，覺得孩子學壞了，然後就嚴厲訓斥，甚至打罵。我們應該先弄清楚孩子喜歡說髒話的原因是什麼，然後再對症下藥。

其實，家長反應越激烈，孩子越喜歡說髒話，並不是因為他叛逆、不聽話。恰好相反，因為孩子認為這樣的行為可以獲得爸爸媽媽的關注，也可以藉此和爸爸媽媽多一些溝通。孩子都是聰明的，知道用什麼方法能引起家長的注意，而當家長反應激烈，打罵孩子時，他就越認為自己的行為是有效的，於是就越喜歡用它來向家長「乞求」關注和愛。

同時，家長的縱容或鼓勵，也會導致孩子愛說髒話。比如，孩子第一次說「哈哈，她就是大笨蛋」、「哈哈，爸爸是大臭屁」，家長覺得有趣便哈哈大笑，或是誇獎「這麼小，嘴就這麼厲害」，孩子就會認為家長願意聽類似的話，為了博得關注和愛，便會反覆地說。

除此之外，孩子愛說髒話，還有一個最重要的原因，那就是和家長學的，就如同豆子一般。孩子還小，不明白髒話是什麼意思，即便知道它是不好的話，也不知道哪裡不好。當家長無意間說出髒話時，孩子就會純粹地模仿，有樣學樣。慢慢地隨著詞彙量增多，接觸的人增多，他就會說出更多的髒話。

世界上沒有一個孩子天生就會說髒話，如果我們發現孩子說髒話，那一定是因為他接觸到了「髒話訊息」。這個時候，家長應該反省自己，看自己是否存在問題。同時，我們還需要看孩子的成長環境，看親戚、鄰居、小朋友，以及電視、手機是否影響了孩子。盡可能減少孩子模仿的機會，嘗試用好的語言引導。

當孩子減少說髒話的機率，並學會用一些好的語言時，家長應該給予讚揚和關注。這會讓孩子感到自豪與備受關愛，從而更願意改變自己，改掉說髒話的壞習慣。

孩子馬虎大意，利用家務讓他學會做事有條理

我時常聽到有些家長抱怨：「我家孩子太粗心了，總是丟三落四的，記不住玩具放在哪裡了！」、「我家孩子做事毛毛躁躁的，出門不是忘了穿襪子，就是忘了帶水壺！」、「我家孩子從小就粗心大意，這可怎麼辦呢？」

孩子做事馬虎大意、丟三落四，這是普遍困擾家長的問題。一位朋友曾向我述說自己的煩惱：自家孩子寧寧 5 歲，上幼兒園大班了，是個活潑開朗、非常惹人喜愛的小男孩。可就是有一個缺點 —— 做事情馬虎大意，總是丟三落四。在家裡，把玩具到處亂扔，不是找不到汽車就是弄丟了小玩偶。在幼兒園，不是畫畫忘記塗顏色，就是寫字筆順不對。

兒童節的時候，老師囑咐孩子們帶上自己小時候的照片，給小朋友們分享小時候的趣事。朋友幫寧寧準備好一疊照片，放進他的小書包。可寧寧卻非要拿出來看看，說是看看自己可愛不可愛。朋友知道寧寧做事馬虎，便特意提醒：「寧寧，看完照片，一定要放進書包哦！」

「好的，我知道了。」寧寧嘴上答應得痛快，卻沒放在心上。看完照片，他就隨手放在堆放玩具的盒子裡。第二天，朋友簡單地收拾了一下，就準備送寧寧去幼兒園。出門前，

因為不放心又檢查了一下書包，果然發現照片並未放進小書包。

朋友問：「寧寧，照片呢？不是讓你放進書包了嗎？」

寧寧一臉茫然，說：「我不知道放在哪裡了。」

朋友一聽就生氣了，說：「你這孩子，丟三落四的。真是粗心大意！快想一想，到底放哪裡了？」

可寧寧哪想得起來，無奈朋友只能在他房間裡翻找，十多分鐘後，終於在玩具箱裡找到了照片。雖然家人時常說男孩子小時候都這樣，長大了就不會再馬虎大意，可朋友還是為此傷透了腦筋，想辦法要解決這個問題。然而，儘管她多次提醒，反覆強調，可似乎並沒有什麼效果。朋友不禁和我抱怨：「難道真的只有孩子長大了，這個問題才能有所改善嗎？」

當然不是！我對朋友說：「若是真的認為這樣，任由寧寧繼續馬虎下去，恐怕就會害了孩子。孩子做事馬虎、丟三落四，是因為缺乏條理性和邏輯性。因為條理性差，大腦裡一片混亂，做事便會毛毛躁躁、粗心大意。因為邏輯性差，沒有清晰的步驟，做事便會丟三落四。如果你和家人放任不管，不僅會影響他的生活，還會影響日後的學習，甚至給整個人生帶來不良影響。」

千萬不要覺得這是危言聳聽。事實上，條理性和邏輯性直接決定孩子的專注力、思維能力，如果孩子不改掉做事馬虎大意，沒有條理性的壞習慣，就會導致做事注意力不集中，做事沒計畫、思維混亂等問題。

那麼如何培養孩子的條理性和邏輯性呢？

其實，這也不是什麼難題，只要家長能夠讓孩子學會做家務，減少包辦代辦，讓孩子儘早學會自我管理就可以了。比如，讓孩子保管自己的玩具：玩時，從玩具箱裡拿出來，不玩時，按順序放進盒子、擺放好；自己收拾衣服，疊放整齊，放進衣櫃裡；幫媽媽擺放碗筷、收拾房間……等等。這些家務雖然簡單，但不僅可以鍛鍊孩子的動手能力、自理能力，還可以培養其條理性。

當然，讓孩子做家務時，家長還應該好好培養孩子的邏輯性，引導他按照某一順序來做事。比如，擦地板、擦桌子，教孩子由左往右擦，而不是沒有順序地亂擦;收拾玩具，按順序一個個擺好，而不是胡亂堆在一起；收拾衣物，要按照步驟來，不要著急，不要手忙腳亂。

同時，家長應該從小培養孩子良好的生活習慣。比如出門前清點要帶的物品，玩具要放回原處，東西要分門別類，做事不能三心二意，不能一邊看電視一邊玩玩具……類似生活習慣的養成，對於孩子培養條理性和邏輯性是非常有幫助的。

敏敏是我的一個學生，做事比大一些的孩子還要有條理性，從來不會丟三落四。這與她媽媽從小對她的培養有關。敏敏 3 歲時，媽媽就教她做一些簡單的事情。比如，把自己的小襪子疊起來，放進專門的櫃子裡；準備一個專門的大櫃子，裡面擺放敏敏的布偶，一個小櫃子，裡面擺放敏敏的小髮夾、髮圈。布偶、小髮夾、髮圈都是分門別類地擺放，玩夠了、使用完了就及時放回原處。

敏敏 5 歲時，媽媽讓她幫忙做一些簡單的家務：打掃自己的小房間，整理自己的小被子。8 歲時，敏敏可以幫媽媽做很多事情，洗碗、掃地、擦玻璃，可以很好地管理自己，安排好自己的學習與遊戲的時間。

所以，家長千萬不要覺得孩子還小，長大後就不會丟三落四或馬虎大意。任何行為習慣都是從小培養的，做事有條理性、有邏輯性也是如此，而且越是儘早培養，孩子在各方面發展就更好，長大了也就更有優勢。

給孩子成長的機會，儘早讓孩子學會管好自己。當孩子一點點進步時，馬虎大意的毛病自然就改了，做事的條理性自然就形成了。

孩子散漫拖延，抓住病因是治療關鍵

家長總是嫌棄自家孩子做事慢，散漫拖延。「叫你起床，怎麼這麼困難？等一下，等一下，這都等多長時間了，你還賴在床上？」、「做事慢吞吞，就像一隻小蝸牛，真是急死人了！」、「你看看別的小朋友，和你一樣大，做事多乾脆俐落，一點都不散漫拖延！」

於是不管做什麼事情，吃飯、穿衣、走路，或是寫作業，他們都會在一旁不停地催促。「快點，快點，不要磨蹭了！」或許這些家長的想法很簡單，多催促幾次、多教訓一下，孩子的效率就會提升了，做事就不會拖拖拉拉了。

然而，他們似乎走入一條教育孩子的岔路 —— 沒弄清孩子散漫拖延的原因是什麼，只是一味地抱怨和催促。希望小小的孩子，和大人一樣，做什麼事情都跟上大人的步伐；只要自己多教育教育，孩子多努力努力，就可以突飛猛進。

殊不知，這種心態卻是急躁的，甚至是急功近利的。這些抱怨、催促、強迫會讓孩子亂了自己的節奏，失去自己本來的樣子，心理承受巨大的壓力。這壓力無疑會讓孩子向兩個方面發展：一是慢慢地麻木，把家長的催促當作「耳旁風」，嘴上說著「嗯，知道了」，實際上繼續慢吞吞；一是亂了自己的做事步伐，開始變得毛躁、隨意，最後什麼事情也做不好。

詩雨是和我家孩子一個幼兒園的小朋友，5 歲的時候已經有了一定的自理能力，可做事都慢吞吞的。每天早上媽媽做好了飯，叫她起床、洗臉刷牙，她都會不緊不慢的，起床花 5 分鐘，洗臉刷牙花 10 分鐘。爸爸媽媽已經吃完了早飯，她才吃了一半。媽媽著急上班，就在一旁一直催促，可詩雨好像沒聽到一樣，不僅沒加快速度，反而更慢了。

上幼兒園的路上，媽媽在前面健步如飛，可她卻在後面慢悠悠地走，還有心思看路旁的花。媽媽在前面一邊走一邊催促：「快點，快點，你怎麼這麼慢？！要是再不快點，我們就都遲到了。」見她沒有加快的跡象，媽媽就會揪著詩雨的衣服，迫使她加快腳步。送孩子上幼兒園時，我就遇到幾次類似的情況。

一天早上，我又遇到詩雨媽媽不斷地催促著，然後詩雨的情緒也失控了，大聲喊道：「我也想快一點，可就是快不了啊！我是小孩子，又不是大人！」見詩雨如此，媽媽更生氣了，「你就是故意的，每天做事都這麼拖拖拉拉，還有臉發脾氣嗎？你看看別人，為什麼不會這樣？」

之後，詩雨的速度是快了些，基本能跟上媽媽的步伐。媽媽很滿意詩雨能改掉壞習慣，可她不知道的是，詩雨內心非常痛苦，她拚命地讓自己快一些，可這根本不符合自己的節奏啊！她每天都很累，可又不能和媽媽說。

最後，詩雨的情緒越來越糟糕，心理壓力越來越大。在這種壓力的影響下，她產生了反抗心理，不再聽媽媽的話，不再強迫自己，又恢復了之前的散漫拖延。更重要的是，她開始故意和媽媽作對，媽媽越是催促，她越是賴皮。

事情為什麼會發展到這個地步？其實，就是因為詩雨媽媽沒有弄明白孩子做事拖延、賴皮的原因是什麼，只是憑藉自己的主觀臆斷去判斷，認為孩子是故意磨蹭，然後就一味地催促、訓斥。

可詩雨並不是故意不聽話的，她做事慢、拖延，只是因為做事不熟練，沒掌握相關技能，遵循了自己的節奏和步伐。一個五六歲的孩子，即便有自理能力，可做事還是不熟練的，又怎麼能要求她和大人一樣高效、迅速呢？

我讀過張文亮教授的一首童詩，名叫〈牽一隻蝸牛去散步〉，不知道大家有沒有看過。現在我分享其中一段：

上帝給我一個任務，

叫我牽一隻蝸牛去散步。

我不能走太快，蝸牛已經盡力爬，

為何每次總是那麼一點點？

我催牠，我唬牠，我責備牠。

蝸牛用抱歉的眼光看著我，

彷彿說：「人家已經盡力了嘛！」

我拉牠，我扯牠，甚至想踢牠。

蝸牛受了傷，它流著汗，喘著氣，往前爬……

這首童詩裡，說的不就是催促、打罵、訓斥孩子的家長嗎？看著行動緩慢的蝸牛，內心充滿抱怨和責怪，然而看不到孩子的努力、傷心、痛苦。試問，在這樣的情況下孩子又怎麼能快樂並健康成長？

想要讓孩子改掉散漫拖延的壞習慣，家長要做的不是催促、抱怨，這只會讓孩子痛苦、難過。我們需要做的是，讓孩子把自己的感受說出來，了解孩子出現這樣行為的原因。事實上，大部分五六歲的孩子，散漫拖延都不是故意的，有的因為做事節奏慢、遵守了自己的步伐，有的因為沒有時間觀念，有的因為不能控制好自己。還有一部分孩子，是因為缺乏做事的能力，對家長有嚴重的依賴——孩子一拖沓，家長就代勞、包辦，讓孩子失去了嘗試的機會，結果越來越拖沓。

找到了原因，接下來的事情就好辦多了。孩子有自己的節奏，我們就應該尊重和接納，多給孩子一些耐心，而不是強迫或催促他，甚至拖著他向前走。過多催促，一味指責，就可能得到一個真正拖沓、散漫的「搗蛋鬼」。

孩子沒有時間觀念，家長應該教會孩子培養時間觀念、合理安排時間，並且努力做到有計畫、有條理。必要的時候，還可以讓孩子嘗嘗賴皮、拖延的「苦果」—— 讓孩子遲到一次，接受老師的責罵；給予一定的懲罰，取消原本的出行計畫。

同時，即便孩子行動慢、做得不好，家長也不要代勞，多給孩子機會，多讓孩子嘗試。孩子掌握了相應的技能，做事熟練了，節奏自然就快了。

孩子任性撒潑，「冷處理」效果不錯

時常看到這樣的情形：

商場裡，孩子拉著媽媽的手要求買玩具，遭到拒絕後，便坐在地上大哭大鬧起來，甚至在地上打滾;吃飯時間到了，孩子非要看卡通影片，媽媽耐心地勸了好幾次，孩子就是一動不動，於是媽媽斷然關掉電視機，這下可捅了馬蜂窩，孩子立即放聲大哭，一邊哭鬧還一邊踢打著媽媽……

面對類似的情形，家長們可能採取兩種截然不同的方式:一是溺愛、縱容孩子，然後無條件地滿足；一是脾氣暴躁地對孩子動粗，當眾打孩子一頓。可事實上，這兩種態度都不能解決問題，只會從負面強化孩子的任性撒潑。

孩子稍有不順心，就任性地大哭大鬧，其實只是為了得到心理滿足而已。孩子雖小，可除了吃飽穿暖，還有很多心理需求，當心理需求得不到滿足，又不能適當地表達情緒時，就會選擇大發脾氣、大哭大鬧來宣洩。

如果家長過於溺愛，一看到孩子哭鬧，就各種遷就、袒護，那麼孩子就會把哭鬧當成武器，並且一直用它來操縱家長。另一方面，如果家長過於嚴厲，隨意對孩子動粗，那麼就會傷了孩子的自尊心，激起他的反抗心理，讓他變得越來越任性，反覆用哭鬧來表達自己的抗議。

所以，最好的辦法是冷處理。孩子撒潑、大哭大鬧時，家長要冷靜下來，不要亂了自己的節奏，冷落孩子一段時間。然後，等孩子情緒平復下來，再和孩子講「你這樣是錯誤的」或「我剛才因為⋯⋯不滿足你」。

前段時間，看到一家人正在買生日禮物給爺爺，剛開始媽媽對孩子說：「這次我們的任務是買禮物給爺爺，你不能要任何玩具哦！」孩子痛快地答應了。可當他看到一個蜘蛛人時，就賴在那裡不走了，非纏著媽媽給自己買。

媽媽耐心地說：「我們不是說好了，今天不能買玩具⋯⋯」可還沒等媽媽說完，孩子就哭鬧起來，「我就要買，就要買！」爸爸也來勸說：「乖寶貝，我們下次再買，好嗎？」

可誰知這個孩子根本不聽勸，坐在地上開始大哭大鬧，引來很多人側目。孩子爸爸覺得很尷尬，便對媽媽說：「這東西又不貴，孩子想買，就給他買吧。你看他在這裡大哭大鬧的，實在太丟人了！」媽媽並沒有妥協，沒有抱著孩子哄，也沒有責罵或訓斥孩子，而是採取冷處理的方式。

媽媽很平靜地說：「你哭鬧是不行的，我不會因為你哭鬧就答應你的要求。現在我和爸爸在一旁等你，你哭完了，我們就去買禮物給爺爺！」說完，孩子媽媽便拉著爸爸離開，站在 3 公尺遠的地方觀察。

一開始這個孩子還拚命地哭鬧，一邊哭一邊大喊「我就要蜘蛛人」，過了一陣子，哭聲就變小了，還一邊哭一邊偷偷觀察爸爸媽媽。爸爸媽媽就在一旁聊天，沒有看他，也沒有理他。再過了一陣子，孩子發現根本沒人理他，只好擦了擦眼淚，站起來跑到爸爸媽媽身邊。

這時，媽媽蹲下來，擁抱了孩子一下，然後說：「我們出發前是不是商量好了？目的是買爺爺的禮物，你不能買玩具，對不對？」孩子點了點頭。媽媽繼續說：「我們已經商量好了，就要說話算數。你不能因為想要蜘蛛人就哭鬧，也不能說話不算數。對不對？」孩子又點了點頭。媽媽又繼續說：「我知道你是乖寶寶。如果你真的喜歡蜘蛛人，家裡又沒有這個玩具，媽媽下次再給你買，好嗎？」經過媽媽的勸說，孩子的情緒逐漸好了起來，高興地點了點頭。

這就是典型的冷處理。

可以說，這位媽媽是一個聰明的家長，合理又輕鬆地解決了孩子任性撒潑的問題。當孩子因為被拒絕而哭鬧時，媽媽沒有無條件地滿足，而是不遷就、不動怒，冷靜地和孩子說明不能買的原因。然後，媽媽明確地告訴孩子，哭鬧是不行的，我不會因為你哭鬧就答應你的要求，讓孩子知道任性是沒用的。接下來，媽媽便不理睬孩子，任由他發洩情緒。最後，等孩子情緒穩定後，媽媽再和他講道理，再次說明不滿足他的原因。

更重要的是，這位媽媽採取了延遲滿足孩子的方法，這樣不僅能讓孩子學會等待、控制自己，還能滿足孩子的心理需求，不至於讓孩子太失望、感受不到愛和關心。我相信一段時間後，這個孩子便會改掉一不順心就大哭大鬧的壞習慣。

當孩子任性撒潑，稍有不順心便大哭大鬧時，冷處理是最好的選擇。一次，兩次，三次⋯⋯時間一久，孩子就會發現哭鬧並不能「吃到糖」。想要「吃到糖」，自己就應該控制情緒，適當、合理地表達自己的需求。

當然，我希望家長們注意一個問題：冷處理不等於冷暴力。孩子明明很傷心、很害怕，家長卻視而不見，冷處理就會演變為冷暴力;孩子的需求是合理的，家長卻嚴厲地拒絕，就是漠視孩子需求的冷暴力；留下孩子一個人在哭泣，家長不是在一旁觀察，而是真的離開，把孩子一個人丟下，就是冷暴力。

冷暴力對孩子的傷害是巨大的，會讓孩子產生不安與恐懼，讓孩子感覺家長是不愛自己的，從而影響其健康快樂地成長。

孩子搞破壞，讓他在安全範圍內探索

人天生就有攻擊性和破壞性，這一點在孩子身上展現得淋漓盡致。2 到 3 歲這個階段，原本乖乖的孩子就變成了麻煩製造者，稍微不注意他就把家裡搞得一片狼藉。喜歡撕紙，好好一捲紙抽，被他撕成一條條的；喝牛奶，故意弄灑一桌子，還塗得滿臉、滿身都是；打開媽媽的化妝品，塗在鏡子上、臉上、桌子上；新買的小汽車，沒玩幾天，就被他拆了……

面對這樣的情景，相信很多家長都會抓狂，氣得拉過孩子就打一頓小屁股。但是，我勸你千萬保持冷靜，最好不要這樣做。因為孩子搞破壞是成長期的正常現象。

好奇心是很多事情的源頭，孩子搞破壞，其實就是來自他那顆強烈的好奇心。接觸到一些新鮮的東西，他就會產生興趣，然後想一探究竟，不是把它拆掉，就是胡亂按一通，或是撕一撕、捏一捏、摔一摔。

換一個角度來說，孩子喜歡這樣搞破壞，對成長是非常有利的，只要我們適當地引導和支持，他會更喜歡探索、嘗試。而這對孩子大腦、身體的發展是有好處的，會促使他更健康地成長。相反的是，若是家長一味地阻止，認為孩子頑皮、不懂事，得到的結果也只有一個 —— 剝奪他的樂趣和探索欲，讓他變得木訥、呆板，不敢或不願再去探索。

我見過一個喜歡搞破壞的男孩鬧鬧，總是把家裡搞得亂七八糟的。媽媽給他買了幾本故事書，他卻一張張撕下來，疊成紙飛機，扔得滿地都是。在外面隨便撿幾個瓶子、樹枝，然後不停地玩弄，隨意亂扔。媽媽跟在後面撿廢紙、瓶子、樹枝，好不容易收拾乾淨，他一下子又弄得亂七八糟。

鬧鬧還喜歡拿著鉛筆、彩筆在牆上、衣服上、沙發上亂畫，儘管媽媽多次嚴厲地對他說「不許再亂畫了」，可一轉身他又開始在自己想畫的地方亂畫一氣。

在幼兒園也是如此，小朋友剛搭好一個積木，剛想展示給老師看，他小手一伸就推翻了。看著散落的積木，哭泣的小朋友，他卻笑得很開心；他喜歡玩水，每次洗手時都會用手堵住水龍頭，然後讓水噴得滿地都是，還會故意用水來噴其他小朋友。

每天幼兒園老師都會向鬧鬧媽媽告狀，說他就是一個搗蛋鬼、破壞大王。而這個時候，媽媽只能無奈地和老師道歉，回到家再好好地教訓他。為了制止鬧鬧的這種破壞行為，媽媽決定不再縱容，只要發現他的行為一過界就會嚴厲地責罵、訓斥，有時還會罰站、不許吃飯。

一段時間後，媽媽的管教果然有了成效，鬧鬧老實了很多，不管在家還是幼兒園都不再搞破壞。可慢慢地，媽媽發現鬧鬧好像變得木訥了，對什麼事情都不感興趣，什麼也不願意做。媽媽給他買了益智玩具，他看都沒看就放在一旁了；幼兒園老師讓小朋友們做手工、繪畫，可鬧鬧的興趣也不大。此時，鬧鬧媽媽才後悔不已。

可悲的是，生活中很多家長和鬧鬧媽媽一樣，對於孩子的破壞行為，他們是厭惡的、帶有偏見的，認為做出這種行為的孩子就是在胡鬧、在給自己找麻煩。於是，錯誤的認知讓他們採取了錯誤的教育方式，也導致了錯誤的結果。

孩子愛搞破壞，就是因為好奇心。他拆玩具、胡亂塗鴉、撕掉書本摺紙飛機、用手堵住水龍頭⋯⋯這一切都是在做「科學的探索」，目的是滿足自己的好奇心，探索這個東西究竟為什麼會響、會跑，驗證這個東西是否和自己想的一樣。

如果家長不想扼殺孩子的好奇心和探索欲，最好不要隨便阻止或限制，而是要在保證安全的情況下，給予最大的包容、支持，然後引導他自由地探索。同時，我們要及時給予孩子肯定與讚揚，當他得到家長的肯定時，就會非常高興，認為自己得到了尊重和認可，從而更加想去探索。

除此之外，我還建議大家一起參與孩子的搞破壞行動，畢竟孩子的年齡還小，動手能力弱，思維能力也有所欠缺。家長參與到孩子的活動中，引導他安全地拆卸、觀察玩具為什麼會響會動，再引導他重新把玩具組裝起來；和孩子一起塗鴉，提供合適的塗鴉場所，比如一塊獨立的塗鴉牆、一塊黑板，和孩子一起創作。這樣，不僅可以引導孩子合理地、自由地搞破壞，還可以增加親子互動。

當然，我不是提倡縱容孩子，對孩子一些故意、存在危險的破壞行為視而不見。雖說孩子的好奇心和探索欲能促進孩子的身心發展，如果沒有正確的引導和約束，那麼孩子就不知道什麼是對什麼是錯。等他稍大一些時，這些無意識的破壞便會演變為有意識的破壞，甚至是情緒的發洩。

正因為如此，我們應該替孩子定規矩，若是一些東西非常貴重，或具有特殊意義，家長應該明確告訴他 —— 這是不能拆的。另外，家長也要明令禁止孩子接觸危險品，比如剪刀、電源插座、瓦斯爐等。若是發現他因為鬧情緒而故意摔東西、拆東西，家長應該給予嚴厲的責罵，指出錯誤，引導他積極改正。

孩子的成長是需要呵護的。身為家長，我們的態度應該是鼓勵、關愛和引導，應該是尊重和欣賞。探究孩子的心理，滿足孩子的好奇心和探索欲，引導他安全、自由地探索，這樣孩子才能順利度過破壞敏感期，成長為更健康、更聰明的孩子。

孩子缺乏約束力，用他能接受的方式引導教育

「無規矩不成方圓」，這句話人人都聽過，可顯然這句話對孩子來說，沒那麼有效。他們不管你定不定規矩，想做什麼就做什麼，便是自由；受父母控制，這個不能做那個不能做，便是不自由。

對於家長為自己量身定做的規矩，一開始他保持著新鮮感，願意配合、遵守。可沒過多久，一旦這種新鮮感不在了，便又像脫了韁的野馬一樣，肆意地撒潑起來。他不受規矩約束，不受父母控制，儘管父母多次強調、教訓，甚至懲罰，仍然我行我素。

我家社區有一個叫盼盼的男孩，6 歲左右，平時很頑皮、貪玩，每天放學後都會在公園裡玩一下子再回家。開始盼盼媽媽覺得孩子玩一下子沒什麼，畢竟上學累了一天，放鬆一下也是好的。可盼盼似乎不理解媽媽的一片苦心，這一玩就上癮了，一兩個小時都不願意回家。媽媽催促他，他便說「等一下、等一下啦」，可這一下子就是半個小時，甚至更長時間。

貪玩、回家晚，導致晚上作業很晚才寫完，睡覺也拖到 10 點多。然後就是一連串的負面影響：起床晚，時常遲到，

上課沒精神，成績下降……為了改變這種現狀，媽媽給盼盼定了規矩：每天放學只能玩半個小時；回家後先寫半個小時作業，然後再吃飯；9 點半前上床睡覺。

規矩定好了，剛開始幾天盼盼也遵守了，可不到一週的時間，他就把規矩推翻了。一天放學後，盼盼和媽媽路過公園，看到幾個同學正在踢足球，盼盼便立即加入其中，痛快地奔跑起來。半個小時後，媽媽喊盼盼回家，可他卻再次說「我再玩一下」。礙於在公共場合，媽媽沒再說什麼，結果一個半小時後，幾個孩子才因為玩累了，各自回了家。

一回到家，媽媽便生氣地說：「玩玩玩，你就知道玩！之前定好的規矩，難道你都忘了。以後再這麼晚回來，你就在外面玩吧，不要回家了！」、「以後再也不允許你在外面玩了，放學後，必須馬上回家！」盼盼想要爭辯，可媽媽並沒有給他這個機會，說：「這是對你的懲罰，誰讓你不守規矩！」

之後，盼盼都按時回家，可回家之後他又能守規矩，好好學習嗎？當然沒有。回到家，他也是先開始玩，要不就是打開電視看卡通，經過媽媽多次催促之後才回到房間，然後一邊玩一邊寫作業。

面對媽媽的責罵和訓斥，盼盼心裡總是想：「怎麼了？我玩一下怎麼了？哼，你越不讓我玩，我就越偷著玩，你能把我怎樣？」於是，盼盼更加貪玩了，有時還有些小叛逆，故意和媽媽唱反調。

孩子終歸是孩子，他們的自制力是比較差的。因為自制力差，時常會忘了規矩，時常無法約束自己。這個時候，家長要用孩子能接受的方式引導，讓孩子心甘情願地往正確的方向走。替孩子制定出規矩，並妄想用這些規矩來強硬地控制他們，迫使他們改變自己的想法和行為，當然是行不通的。

家長的不當做法，很容易讓孩子產生反抗心理。而一旦有了反抗心理，他就會變得我行我素，只要一遇到不合自己心意的事情就排斥，只要是家長說的事情、定的規矩，他就會故意反對及反抗。

回想一下我們自己小時候，面對一堆規矩、約束，是不是也不願意守規矩、不願被約束，然後總是不自覺地反抗？一旦家長採取強硬的態度，我們內心就會很不爽，然後就會故意和家長唱反調？既然如此，為什麼還把同樣的痛苦施加在自己孩子身上呢？

我始終認為，與其強迫孩子遵守規矩，不如耐心地和他交流，採用引導式的溝通方法。還拿盼盼為例，孩子貪玩，盼盼媽媽可以定一個規矩，盼盼一開始守規矩時，應該立即給予誇獎和鼓勵，讓孩子產生自豪感。

當盼盼玩在興頭上，提出「等一下」時，媽媽應該明確地說：「你可以再玩 15 分鐘，這期間我不會催你。不過，我會定一個鬧鐘，時間一到，我們就要回家，可以嗎？」相信，盼盼這個年紀的孩子是懂事、懂規矩的，可以講得通道理。鬧鐘響起來的那一刻，他會按時回家。我就遇到很多孩子，當媽媽提出這樣的要求時，他們會心甘情願地守規矩，按照要求去做。

若是孩子按照規矩和要求去做，家長還需要提出表揚和鼓勵：「嗯，不錯，今天你遵守了約定，值得鼓勵。」這樣的鼓勵和引導，目的是讓孩子形成一定的自律習慣，然後能自覺地約束自己。

同時我們需要明白，想要孩子完全自控，控制愛玩的天性和欲望，那是不可能的事情。但只要孩子有一點點進步，那麼家長就不應該急躁，反之應該多給孩子一些時間和空間，有效地引導孩子，讓他提高約束力、自控力。

除此之外，孩子天生就具有反抗性，在培養約束力和自律性時，這一點會成為最大的絆腳石。而且，孩子年齡越大越有主見、越叛逆，對於他不認可的事情，不但不會執行，還可能故意破壞。這個時候，家長就應該給予適當的懲罰，讓他知道自己錯在哪裡，大人的底線在哪裡。懲罰不是最終目的，目的是讓孩子正視自己的錯誤，並一步步做出改變。

教育，其實就是家長與孩子的「博弈」。在這個過程中，引導是優於強制的，溝通是強於控制的。用孩子能接受的方式定規矩，引導孩子遵守規矩，那麼培養孩子的良好行為就不會那麼難了。

第七章
社交意識敏感期：幫助孩子融入和諧的小團體

社交意識的萌芽，是孩子真正接觸外界環境的開始，也是重新整理自我的過程，父母在此階段需要做的是如何正確引導孩子和諧融入自己的小團體之中，此時的很多體驗，都會直接影響到未來的社交行為。

營造良好開端，角色扮演助孩子完成社交技巧訓練

突然有一天，黏著你的小寶貝開始樂於尋找小朋友了；突然有一天，黏著你的小寶貝喃喃自語玩起扮家家酒了；突然有一天，黏著你的小寶貝開始評價其他小朋友了……此時，你應該意識到，小朋友的自我意識已經覺醒，他們可能進入了社交意識敏感期。

幼兒在 3 到 6 歲，就會進入社交意識敏感期，他們會時不時流露出對社會的關心，不會再像以前一樣眼中只有爸爸媽媽，他們開始試探著自己去處理事情、去交朋友、去物品交換、去評價等。此時，社交意識開始形成，很多孩子長大之後的某些社交行為都是受這個時期的影響而造就的。

因此，當孩子進入此敏感期後，父母應該在孩子孤單的時候多加陪伴，在孩子與小朋友一起玩的時候勇於放手。

我最近常常下班後與孩子在樓下玩一下。我家孩子現在正處於社交意識敏感期中，因為他從小是我一手帶大的，而且因為我工作屬性的原因，他很少能有大把的時間與小朋友一起玩，所以他的自我意識覺醒得比較晚。

這種情況下，我每天拿出兩個小時的時間陪他到樓下玩，讓他接觸更多的小朋友。最初帶他下樓玩時，社區花園

裡有很多孩子跑來跑去，但是他的身影卻是孤單的，我很為他著急，也暗暗觀察原因。

觀察之後發現，他尋找小朋友的心還是很迫切的，他會不停地找一些同齡的孩子問：「我可以和你做朋友嗎？」有時得到「可以」的回答後，他會表現得異常活躍。但是，畢竟是從小一直黏在我身邊，他的個性會有些「自我」，總想成為人群的中心人物，特別喜歡指揮小朋友。但是那幾個小朋友已經玩得很好了，突然插進來一個人，一起玩可以，但要是成為他們的「孩子王」還是無法接受的。

於是，他在與小朋友的分分合合中尋找著最適合自己的位置。晚上次家後，也會跟我抱怨「小朋友都不聽我的話」、「有幾個小朋友不和我玩」、「下樓玩太沒意思了，不如在家畫畫」。

看他可憐的樣子，我便幫他出了主意：「你可以穿著直排輪鞋或者騎著平衡車下樓，如果有小朋友你可以和他們一起玩，如果沒有你也可以自己玩。」

他便穿著直排輪鞋下樓了，而且正好碰到幾個大孩子也在練直排輪，他主動地參與了進去，速度賽、花式滑輪等他玩得不亦樂乎。晚上高興地對我說：「媽媽，我發現我不是交不到朋友，而是一直沒有遇到有相同愛好的人。」

我心裡覺得很好笑，一個 6 歲的小朋友居然能做出這種總結，又覺得很欣慰，因為他已經找到了一種交朋友的好方法。

之後，他除了與幾個大孩子練滑輪外，還拿著「超人力霸王卡」吸引了幾個小跟班，用玩具槍結識了幾個同好伴。最有趣的是，他竟然「利用」我的身分結識了幾個初中的哥哥姐姐，讓我幫哥哥姐姐輔導心理，那幾個人也把他寵上了天。

其實孩子的潛力是無窮的。之所以一開始那麼孤單，完全是因為我在他社交意識敏感期的前期沒有給他充分的機會，孩子的敏感期是無可複製的，在對的時候做對的事是父母給孩子最好的禮物。

樓下的一個年輕媽媽這一點就做得很好，她雖然是一個新手媽媽，但是卻十分合格。她今年 25 歲，孩子 5 歲，雖然沒有讀過大學，很早就結婚了，在最美好的青春年華中有了孩子，並且做了家庭主婦，但是她對孩子的用心和對生活的熱愛是至今我見過最令人讚嘆的。

有時候忙起來，我會把孩子送到她那裡，兩個孩子年齡相仿，在一起玩也很合適。我每次接孩子時，常常看到的情景就是她與兩個小朋友在一起嬉笑打鬧。兒子回來也常常會給我描述阿姨多好。後來我乾脆搬著電腦到她家，一邊工作，一邊觀察這位阿姨有多好。

一個上午，她上演了一幕幕的童話劇：小朋友都有自己的角色，臺詞任意，一唱一和有趣極了；下午，她又與兩個小孩子開始玩扮家家酒，超市收銀、銀行存款、醫院看病……無所不有，兩個小朋友與她在一起像極了同班同學。

我終於明白，為什麼她家的孩子雖然比我家孩子小一歲，卻可以應對各種複雜的事情。在他們的遊戲中，有小朋友搶零食的應對，有撿到東西該如何處置，還有遇到壞人的自救，等等。沒有這些角色扮演的遊戲，怎麼可能有現在遇事冷靜的小朋友呢？

其實很多時候，孩子之所以遇事慌亂是因為他們從來沒有經歷過。小到幼兒園的爭執，大到以後的校園霸凌，再到進入社會的社交恐懼，不都是因為遇事無法處理造成的嗎？處於社交意識敏感期的孩子最愛玩的遊戲就是角色扮演，也就是我們小時候的「扮家家酒」，很多性格與處事方法就是在這種角色扮演遊戲中形成的，但很多父母卻往往忽略這一點，用成年人的眼光與思維去評判，不適當地制止甚至終止孩子的體驗。

比如，當你的孩子與好朋友拿著玩具相互交換時，你會怎麼做？我曾經聽到一位孩子的奶奶說：「你是不是傻，他那個不值錢，我們這個多值錢！」再比如，當孩子玩扮家家酒，你的孩子叫另一個孩子叔叔時，你會怎麼做？有些父母會一把拽住孩子說：「你笨呀，讓人占你便宜？」

這樣的例子數不勝數，因為成年人的思維方式與孩子的思維方式是不同的。回憶下我們的童年，不也做了很多這樣的「傻事」嗎？為什麼現在孩子再做時你卻要強硬制止呢？用孩子的心態去理解孩子，孩子也有自己的思維，在不妨礙自身安全的情況下，不妨放手讓孩子去玩。這種角色扮演的遊戲，其實就是社交行為的開始。

引導孩子學會合理控制和釋放憤怒情緒

孩子的自我意識形成後，情緒性格也進入了塑造之中。簡單來說，此階段孩子的脾氣還處於形成階段，有些有缺陷的性格也可以在此階段進行修正，特別是一些脾氣暴躁、張揚跋扈的性格，此時父母要幫助孩子進行調整，引導孩子學會合理控制和釋放憤怒的方法，此時的修正會在相當程度上影響後期孩子性格的形成。

對於幼兒，我最常見到的就是父母或者老人帶著孩子來找我，他們都一臉擔憂，或者是急得面紅耳赤。比如，去年我曾經遇到過這樣一個孩子：

這個孩子是個小男生，我們暫且稱他為小火吧。因為他的脾氣，是我見到所有孩子中最火爆的。

小火是由奶奶抓著來的，小臉臭得像全世界都虧欠他一樣，一進門就衝我喊：「我討厭你！」奶奶趕緊解釋說：「我跟他說你這樣老發脾氣不行，奶奶找個阿姨給你看看。對不起，對不起。」我向奶奶點頭微笑，看來小火就是典型的幼兒叛逆期的高風險兒童了。

我幫他找了幾樣玩具，他抓起一個扔一個，最後選了一把小手槍，衝著門外比劃著。其他玩具被他丟得到處都是，奶奶就在後面收拾。

之後，小火玩累了在沙發上睡著了，我才與他的奶奶進入正題。

透過了解我才知道小火小時候很乖，並沒有那麼大的脾氣。但是媽媽又生了一個弟弟，小火就被放在了奶奶這裡，剛剛 3 歲的他脾氣突然變得暴躁起來。稍有不順心，就會大哭大鬧，而且生起氣來會把自己氣得臉色發青，甚至有一次因為奶奶沒給他買蘋果，在水果店裡直接哭到昏倒。

我問奶奶：「您在他發脾氣的時候做了什麼呢？」

奶奶說：「我就哄呀，要什麼給什麼。我就想，孩子可能是因為有了小弟弟，離開媽媽了在鬧，那我就哄著，多疼他。」

「那您哄他有用嗎？」我追問。

奶奶搖搖頭，嘆口氣說：「剛開始的時候還行，我哄他就會好一點，可是後來就沒用了。我不怕別的，你看他一生氣就氣得發抖，我怕他窒息啊。」聽完奶奶的描述，我大概心裡已經有了答案：小火的脾氣不是一朝一夕形成的，第二胎事件也是其中的一個誘因，但最本質的原因是在孩子最初表達情緒時收到了錯誤的訊號，於是他才會覺得這樣表達情緒是正確的，才會愈演愈烈。

開始有情緒是孩子自我意識的覺醒，當他們表達自己的情緒時，會試探性地接收外界對此回饋的訊息。小火收到的錯誤訊號是什麼，就是每次奶奶的「投其所好」。比如，如果小朋友在大笑時，你高聲喝止，反覆兩三次後，當小朋友再大笑時就會下意識地瞟向你。再比如，小朋友因受到老師表揚而得意時，你讚嘆鼓勵，那麼他就會認為這種情緒是對的，是受表揚的訊號。

其實，無論孩子的哪一種情緒，都是由心表達的，只是有些孩子並不知道自己的情緒該如何表達。特別是憤怒的情緒，哪怕是成年人，表達憤怒的方式也是不同的。我們常常見到一些成年人，因為憤怒會有捶牆、抓頭髮、打臉等自殘的行為，也會有摔東西、砸東西等激烈的發洩動作，更會有大喊大叫的宣洩，同樣也會有沉默不語的冷戰。

成年人的這些情緒表達方式是先天形成的嗎？當然不是，但是形成這一情緒表達方式的最初階段就是幼兒社交意識敏感期。此時的孩子還不知道如何去消化憤怒，有些孩子透過生悶氣的方式來表達，像隻小青蛙一樣被氣得鼓鼓的；有些孩子就透過打人、咬人等行為來表達。誰惹他了，他就會像兇惡的小狗一樣發脾氣。這些行為在成年人看起來很嚴重，但是其實只是因為孩子不知道如何表達憤怒的情緒而已。

我的一位朋友對孩子的情緒表達就很是注意，當她孩子2 歲多開始出現自我意識，表達情緒時，她就對憤怒的情緒表達加以修正。

當孩子因為找不到合適的玩具而發脾氣扔玩具時，朋友會說：「寶貝，你是生氣了嗎？但是媽媽覺得你找不到玩具可以繼續找，也可以找媽媽幫忙。但是你扔掉玩具，大發脾氣，不光那個丟的玩具找不到了，你扔掉的也可能壞掉喔。」孩子聽後趕緊開始收拾，然後朋友與孩子一起找合適的玩具。引導不是說教，而是以實際行動來引導。

當孩子的玩具被小朋友搶走，孩子氣鼓鼓的像隻小青蛙時，朋友說：「小青蛙，你會被氣炸的！是朋友搶了你的玩具嗎？如果你不喜歡被搶，你可以告訴他呀。如果他還不把玩具還給你，你可以向老師求助，但是你卻什麼都沒做，把自己憋成了小青蛙，而且還是一隻胖得要炸的小青蛙。」幽默溫柔的話平復了孩子的情緒，同時也將解決問題的方法告訴了孩子。

孩子之所以會憤怒，就是因為他不知道如何去解決。就像成年人，往往發脾氣都是因為不知道該如何去開解自己。給孩子一把解決問題的鑰匙，培養他將情緒調整到最佳狀態，情緒穩定是人格魅力的一大標準呀！

言傳身教，將孩子培養成一個高情商溝通者

有人說，孩子是父母的影子。言傳身教是家庭教育中最重要的教育方式，家長有意識或者無意識的行為都會直接影響到孩子，特別是在幼兒擅於模仿的時期，家長的一舉一動都有可能會直接投射到孩子身上。

我兒子的同學中有一個特別能說的小女孩，小女孩做事情特別俐落，而且她「舌戰群儒」時簡直無人能敵。但是，小女孩卻沒有得到正面的引導，在奶奶的影響下，她本來高超的語言表達能力表現出的都是霸道。

一次，小女孩與老師吵了起來，原因是她搶了小朋友的玩具，老師將玩具還給了那個小朋友。小女孩對老師的做法十分不滿，她大聲朝老師喊：「老師！我喜歡那個玩具，我就要玩！」

老師說：「寶貝，妳喜歡可以等，小朋友放下後就輪到妳玩呀，不可以搶哦！」

小女孩又喊：「我爸爸說，喜歡就得去爭取。我就要搶，我爸爸喜歡的東西也是搶的，我們等公車也不能等，等著車就跑了。」

老師搖搖頭，拿了另一件玩具安撫那個小朋友，結果小

女孩又開始搶，兩個小朋友發生了爭執，小女孩一把抓起了同學的辮子，朝臉上就是一巴掌。老師嚇得抱住了那個小朋友，才制止了這場戰爭。

晚上，小女孩的奶奶來接孩子時，老師將發生的事告訴奶奶，想讓小女孩的家長能幫助孩子調節下脾氣。沒想到，小女孩的奶奶說：「我家丫頭不會無緣無故打人的，我們從來不會不講理。再說了，幼兒園的玩具本來就是大家玩的，怎麼她的同學能玩，我家的小孩就不能搶？」

目送祖孫倆離去，老師一臉無奈，其餘家長也是十分驚訝。

其實，沒有一個孩子生下來就是霸道的，也沒有一個孩子生下來情緒就是不穩定的。只是在他們還不具備完善的分析能力時，只能用眼睛觀察世界並將世界轉化給自己，孩子在社交意識初期的社交行為大都來自父母的言傳身教。

我有一位情商極高的同事，他兒子的情商也十分高，從小學到高中一直擔任班長一職，在大學又是學生會會長，直到現在，同事提起當年那個帥氣的然然，還是不由地讚嘆。

之前跟然然爸爸接觸不多，今年正好有個課題，我接受了邀請才分到他們的小組，我發現他是一個讓人無法挑錯的人：鎮定自若的應急處理，不急不緩的處事態度，特別是他與組裡每個人相處得都十分融洽，一個能讓所有人讚嘆的人一定有他的高明之處。

中午休息時，他談起了自己的育兒觀，談到脾氣性格的形成時，他說：「言傳身教，是讓孩子在耳濡目染、潛移默化中培養出良好的行為習慣。年輕時，難免衝動，不過我從來不會在然然面前發火，但我會讓他知道我在生氣，也會讓他看到我生氣想發火時是如何處理的。」

談到與人相處時，他說：「父母是對孩子影響最大的人，父母尊老愛幼，孩子便不會缺調失教（指沒有教養）；父母和睦鄰里，孩子便不會目中無人。我們大人對事情的處理態度往往會直接影響到孩子。比如，當有人對你蠻不講理時，你不去爭論，那孩子以後就會對一些無法用對話解決之事一笑置之。」

談到溝通能力時，他說：「其實社交話術無非就是人與人之間的對話，而對話是需要技巧的。我與然然媽媽從來不會在家因為一些柴米油鹽的事爭執，如果遇到問題，坐下來聊一聊，涉及然然的，也會讓他參與進來。比如因為然然中班轉幼兒園意見產生分歧時，我們聊了一下午，最後還是聽取然然的意見，當時 5 歲的他給的理由是『不想離開已經熟識的小朋友』和『新幼兒園學生素養不高』。」

說到這裡，我們不由地打斷，進一步問：「為什麼他會覺得新幼兒園學生素養不高？」

然然爸爸說：「我們去考察新幼兒園時，發現有的小朋友在園中大聲喊叫、摔打玩具，老師的組織能力也偏差一些。我們因為工作調動才想把他轉到距離較近的社區幼兒園，他原來的幼兒園是一個十分注重品格培養，他受到的教育是不太可能接受那些小朋友的。」

這時，一位同事說：「然然來過我們辦公室幾次，他的確很有分寸感，都不像那麼大的孩子，我女兒比他還大兩歲，但言談舉止中然然都在讓著我女兒。」

然然爸說：「他不是讓著，他也是有原則的。對於他不贊同的事，如果不觸及原則他會選擇保留態度，對於他有興趣別人沒興趣的話題，他會尊重別人的觀點，在合適的機會引入自己的話題；對於有針對性的謾罵，他會在權衡之後接受有效資訊，過濾掉無效資訊。」

之後，然然爸還談了很多，我也思考了很多，然然的謙謙君子形象原來是受到這位教授的影響，在家庭的土壤中長成了參天大樹。

但絕大多數的孩子，與成年人是無法溝通的。我在樓下制止我家孩子玩水時，遇到過一個小孩，他上前就衝我喊：「你是大人了不起呀？為什麼要管小孩子！」我沒有說話，繼續對兒子說為什麼不可以下水池玩水，他似乎是怕我沒聽到一樣，還用小手推了我一把：「你孩子想去哪就去哪，你管得著嗎？」

我還沒有說話，兒子便轉過頭來對那個小孩說：「哥哥，你不可以這樣推大人，是沒禮貌的。」

那個孩子轉過頭來，衝著我兒子做了個鬼臉：「你懂什麼！」然後跑開了。

這樣的孩子並不少，他上前來找我的初衷是希望和我兒子一起玩水，可是為什麼到最後不僅水玩不了，連我兒子也不和他一起玩了呢？這便是溝通問題，他可以過來聽完我制止玩水的理由後，再說：「阿姨，我覺得現在是夏天，玩水挺涼快的，而且我們會注意，不會到水深的地方去。」這才是有效的溝通。

不要因為孩子小，就放任他去隨意發洩；也不要將孩子與大人的對抗，想像成孩子的不懂事；更不要將孩子的幾句辯駁，當成孩子勇敢的表現。進入社會後，溝通是需要情商的，孩子也一樣。在社會意識敏感期中，他們正在用各式各樣的溝通方式向周圍發出挑戰，此時父母一定要注意，保留高效溝通，制止無效溝通，言傳身教幫孩子成長。

不要以大人的視角，去干涉孩子營建自己的小團體

在我們當地有一句話叫「10 歲的不跟 6 歲的玩」，這是因為 10 歲孩子的認知能力與 6 歲孩子已經不同了，他們會覺得 6 歲的小朋友很幼稚，無論從語言還是行為，都會令 10 歲的孩子覺得幼稚。但是，能說 6 歲的小朋友就幼稚嗎？他們與同齡人玩得不也很好嗎？

在生活中，很多成年人常常犯的錯誤就是以自己的視角去干涉孩子的世界，成人的觀念與處事方式已經成形了，而孩子的正在形成期，如果父母以自己的思維去干擾孩子的話，首先，孩子是不能理解父母的做法的，叛逆期也會相對延長；其次，孩子的社交意識也在形成，而受父母的干擾後他們會亂了自己的腳步，對後期融入社會的影響會很大，「媽寶」、懦弱甚至社交恐懼都有可能發生。

我家孩子特別不喜歡外婆帶他玩，樓下花園大多是老人看孩子，我便讓他去找外婆，讓外婆帶他出去玩。結果沒有半小時，外婆就氣呼呼地把他送回來了，看兒子也是滿臉的不高興。

外婆一進門就說：「顧這孩子太難了，我都跟不上。」

兒子反駁說：「外婆，我說您在亭子裡等我就好，我帶著

手錶（手錶電話）呢，渴了也會去找您喝水。」

外婆說：「算了吧，你們幾個爬上爬下的，摔了怎麼辦？還有，你兒子讓人家管他叫爸爸，你怎麼教的孩子？」

兒子馬上解釋說：「不是的媽媽，我們在玩爸爸下班了的遊戲，有爸爸、媽媽還有三個寶寶。」

外婆又說：「你那樣人家孩子奶奶聽見不生氣嗎？」

我讓外婆坐下，又讓兒子給外婆拿了杯水說：「媽，我知道您怕他摔著，社區裡沒事的，而且他們玩扮家家酒呢，我們可以不用管。」

「那不行，你還不知道，和你兒子玩的那個小孩，一說話就動手打人，要是把人打傷了誰負責？」外婆還是氣呼呼的。

兒子說：「外婆，那個哥哥我們也不喜歡，但不是沒人和他玩嗎？我們也說了，如果他再打人我們就不和他玩了。」

我笑著說：「媽，您看吧，孩子是可以自己處理一些事情的。如果解決不了，您可以再出馬。」

在我們母子二人的勸說下，外婆終於消氣了。等外婆回家後，兒子說：「媽媽，我不想讓外婆陪我下樓了，她老是盯著我，我不舒服。」我點點頭答應了。

其實，孩子的世界就應該讓孩子來創造，為什麼成年人非要去干涉呢？因為不相信。成年人不相信孩子能照顧好自己，也不相信他們有自己的社交圈，更重要的是總把他們當成需要被保護的孩子。孩子建構圈子的思路與社交行為你可能不太理解，但是孩子是理解的，他們也懂得去經營自己的「人脈」，懂得去選擇適合自己的「朋友」，也會經營自己的小團體。

夏日傍晚，樓下花園中有許多孩子在玩，因為社區是封閉的，所以家長也很放心孩子自己玩。透過觀察，小男孩們分了三個小團體，幾乎是固定的。我家孩子在其中一個小團體中，這個團體由一個四年級的、兩個二年級的、一個一年級的和我家這個幼兒園大班的孩子組成，其他兩個團體的孩子也是年齡參差不齊，為什麼不是同齡人一起，或者一個樓的孩子在一起呢？

我認為，他和同齡人在一起會比較放心，不會被欺負；或者跟一個樓的孩子在一起，父母都認識，有什麼矛盾也好調節。但是他都沒有選，最初建立那個小團體的時候只有他和那個四年級的哥哥兩個人，他們倆玩了大概兩三天的時間，才逐漸加入了新成員。

當時我問他：「為什麼你要跟一個四年級的大哥哥一起玩？找個跟你差不多大的不行嗎？」

他翻著小白眼說：「媽媽，我交什麼樣的朋友我自己知道的，跟我差不多大的小朋友太幼稚了。」

是呀，孩子自己交的朋友我為什麼要去說三道四呢？之後，有兩個小孩，他們分分合合的，兩個小孩也在幾個小團體之間猶豫不決。我問兒子原因，他告訴我：「他們兩個是牆頭草，又想跟我們玩，又想加入那個隊伍，其實他們這樣做我們兩個隊伍都會討厭他們的。」

「為什麼？」我追問。

「媽媽，你會喜歡一個說話不算數的人嗎？」兒子問。

「當然不會！那是誠信，一個沒誠信的人誰都不歡迎的。」我說。

兒子點點頭，說：「是呀，他們就是說話不算數的人，我們說的話他們答應了也不會兌現。」

我不由暗暗吃驚，但也很欣慰，我想他將來與人交往時一定會將誠信看得很重要，自己也一定是講誠信的人。

幾週後，他的小團體固定了，雖然三個小團體有時候玩的遊戲是相同的，但是他們也不會一起玩，我又問兒子原因。

兒子說：「因為我們脾氣不合（脾氣性格不合）。」

「為什麼呢？你怎麼知道脾氣不合呀？」我追問。

兒子看了我一眼，說：「媽媽，你是要考察我們嗎？那我詳細給你說說。大哥哥性格好，他從來不會欺負我們；二哥哥特別聰明，我們所有的遊戲都是他想出來的；剩下的我們幾個也是，大家都是相互喜歡的。而且，媽媽我偷偷告訴你，張浩（另一個團體他認識的小朋友）的隊伍裡有一個特別愛動手的人，一點禮貌沒有。」

「那另一個呢？為什麼不去小雷他們那裡，跟你年紀也差不多？」我指了指第三個團體中的一個小孩子，他們是幼兒園的同學。

「小雷他們幾個太小了，沒辦法一起玩。」他不屑地回答完後就又跑去玩遊戲了。

我才發現，原來他們心中都有一把尺，可以評判自己的喜惡，他們雖然小，但也有了初步的判斷能力。有時候成年人對孩子的那種關切，是孩子不喜歡的，他們最初的社交活動就是從交朋友開始，父母如果過多地參與其中，他們的頭腦便不會再那麼明晰。簡單來說，不要去干擾孩子的遊戲活動，只要開始與小朋友接觸，孩子的社會活動就拉開了序幕。

給孩子一個自主的空間，孩子不喜歡畫好的線，也不喜歡父母總打著「為你好」的旗子去干擾自己的生活，據調查，在幼兒時期父母的介入程度與孩子青春期的叛逆度是成正比的。不要以自己的眼光去評判孩子的世界，讓孩子擁有一個可以自由發揮的地方，營造一個自己的小團體吧。

幫助孤僻的孩子
主動去搭建自己友誼的橋梁

「別老跑後邊去，過來叫人，來叫叔叔。」媽媽使勁地拽著藏在身後的孩子說。

「你為什麼不出去玩？讓你出去不出去，出去了連個朋友都沒有，那就別出去了。」爸爸對宅在家的兒子說。

「我沒有朋友，他們都不喜歡和我玩。」一個孩子傷心地垂著頭說。

怕生人、宅家、沒朋友等都是孩子孤僻的表現。其實這些孩子之所以會有這樣的情緒和表現，離不開社交意識敏感期時的影響。此時，孩子孤僻的性格已經形成了。但父母可能不會去考慮孩子是否孤僻，而是直接斷定孩子內向，不喜歡與人交流。

其實，內向、靦腆等都是表面的詞，要想孩子不至於太孤僻，父母是最能幫助他們的人。因為在這些孩子的世界裡，父母是最有安全感的，所以能幫助孩子調節內心的就是父母。幫助孩子搭建一個友誼的橋梁，就是給孩子一個修正性格的機會。

鄰居小雷比我家孩子大一天，小時候也很活潑，但是自從去年家中有了二寶開始，小雷的話就變少了，常常自己一個人玩玩具，當時鄰居還跟我說：「你看，家裡有了老二，老大就能變得懂事呢。」

但是，事情並沒有想像中那麼簡單。這個學期，幼兒園老師便常常打電話來說小雷在學校不愛與同學玩了，玩遊戲時也不那麼積極，常常一個人坐在角落裡自己玩自己的，希望媽媽多觀察一下。前兩次電話並沒有引起鄰居太大重視，但隨著老師打電話的次數增多，她才意識到問題的嚴重性。

她把小雷帶到了我這裡，小雷低著頭，一言不發。我問：「小雷，你今天為什麼沒有喊阿姨呀？」

小雷聲音極小地叫了聲阿姨，仍然低著頭。我讓鄰居回家看二寶，小雷留在了我家，本想讓他與我兒子玩一下子，但無奈兩個孩子玩不到一起，只好我與小雷一起玩。

我一直以為是因為有了二寶，小雷生氣，或者心裡委屈受傷了才會不理人。透過了解才知道，小雷安靜是因為怕吵到二寶，媽媽一直看著二寶，也沒有時間陪他了，久而久之，小雷習慣了自己玩，也不愛與小朋友一起玩了。

我將情況告訴了鄰居，她表示很無奈，有什麼辦法呢？家中只有她自己一個人看孩子，當二寶哭時，小雷一鬧，她難免會心煩訓斥。我說：「現在二寶也大點了，有空就多帶他倆出去轉轉，樓下花園或旁邊廣場都可以。而且，小雷不與小朋友玩只是不敢，並不是拒絕，你可以幫他去交朋友。」

當天下午，我們一起帶著孩子們去了廣場，我拉著小雷來到幾個小朋友中間，隆重地介紹了小雷：「各位小朋友們好，阿姨給你們介紹一個新朋友，他的名字叫小雷，他學習很好，而且很聰明，可以和大家交個朋友嗎？」

小朋友是極容易受到語言和氛圍影響的，幾個小朋友鼓起掌來，其中一個小朋友拉起小雷說：「我願意做你的好朋友，我們一起玩吧。」

我和鄰居在旁邊看著，小雷從一開始尷尬地笑到後來開懷大笑，證明他已經開始接納朋友了。幾個小朋友一直玩到天黑，回家時，小雷對我說：「阿姨，我們約好了明天還來玩，你還能陪我媽媽來嗎？」

我點點頭。

在很多成年人看來，孩子是無知的，可以任意指揮，他們只能服從。但是，請回憶一下這個年齡的自己，你是無知的嗎？當然不是，相反，孩子的心靈是很脆弱的，他們對周圍的感知特別敏感，所以兒童時期的孩子才會因為周圍的刺激產生應激反應，這種反應有時是短暫的，有時甚至會影響一生。

一個性格孤僻的孩子會直接影響到以後的人際關係和社交活動，非病因的性格孤僻都是可以透過父母的幫助而轉變的，找到孩子孤僻的原因，然後可以透過自己的行為「推」他一把，幫助他建立一個小的友誼圈，當孩子在這個小團體中獲得了安全感、舒適的體驗後，他自己也會戰勝內心，挑戰更大的社交團體。

相反，如果父母總是破壞孩子的社交渴望和活動，孩子的內心體驗是處處碰壁的，久而久之也會變得孤僻起來。

我有一位朋友，人過中年，人們對他的評價就是孤僻，對於我們這些認識多年的朋友他可能會聊上幾句，但對其他人他常常是沉默不語。

聚會時，大家你一言我一語地開心聊天，他就坐在那裡，一言不發，默默地聽著。我們甚至從他妻子的嘴裡了解到，他在家也是經常沉默不語的，他妻子曾經還哭著找我們說過：「要不是因為孩子，跟這樣的人我是一天也待不下去的。」

我們了解他的性格，沉默是他覺得最舒服的狀態，而這種狀態的形成是源於他內心的不自信。從他的自述中你會發現，他是不相信所有與他相關的人的，也就是說，在他的思想中，只要跟他相關的人對他都是有企圖的，他怕自己言多必失，所以選擇少說話；他怕別人算計他，所以選擇不相信任何人。

這種心態的形成源自他的童年時期，當年他的父親是村中的老實人，誰都可以欺負；母親卻是很強勢的，與鄰里相處得十分糟糕。他父親最常說的話就是：「哪有什麼好人，都是人算計人，我老實，沒有辦法，誰想欺負就欺負吧。」母親最常說的話就是：「人都是自私的，你話多了，被他們抓住把柄，你就翻不了身了。」

在這樣的教育下，不管他現在取得了怎樣的成就，骨子裡烙下的東西是無法改變的。

其實，人的性格形成與幼年及童年時期的經歷是有密切關聯的。而身為與孩子最親近的父母，一定要注意自己的言談舉止，也一定要注意觀察孩子的行為。如果孩子需要幫助，就上前去幫一把，讓孩子能夠在陽光下快樂地成長。

第八章
自我認知敏感期：
引導孩子探索最美的內在自我

「我」在孩子出生時是不可知的，但從自我認知敏感期開始，他們便知道了「我」的存在，也用各式各樣的行為證明著自我，父母對於此階段的孩子不可有太多否定，給予他們足夠的空間去發現自己，幫助孩子找到內心中最美的自己。

「這是我的」——私有意識不能定義為自私

孩子出生的時候，與世界是渾然一體的，是沒有自我的。但隨著一點點長大，他們開始有了自我意識，從 2 歲開始，他們就可以隨心地將自我和別人區分開了，說明孩子的自我意識敏感期到來了。

此時孩子也進入了他人生的第一個叛逆期，大部分孩子從 2 歲開始一直到 12 歲，整個幼年及童年時期都把熱情和注意力集中到了自我的建構之中。

比如，一位小朋友的名字叫桐桐，之前他指向自己的時候可能會拍拍自己，但是現在他可以告訴你：「桐桐想吃蘋果」，這便是自我意識的萌芽，他明白了自己就是「桐桐」。而當他說「桐桐」時所有的人都會知道那是在說他自己，他也會為自己是「桐桐」這件事而感到十分喜悅。

在成長過程中，他會發現，原來「你」、「我」、「他」、「這」、「那」等代詞也是有指向性的，而「桐桐」也可以用「我」來代替。有時一件高興的事情，他便會用「我」來代替「桐桐」的名字，這是兒童意識發展流程中的一部分。

再之後，他還會嘗試著做很多叛逆的事情，比如對爸爸媽媽說「不」，父母不要以為孩子的「不」就是對你威嚴的挑戰，其實那是自我意識發展的一部分。這時的小朋友大有「初生之犢不畏虎」的力量，他們就是要以自我為中心來挑戰世界，這是他們成長的樂趣。而這種樂趣維持的時間並不會太長，父母也不用刻意去糾正孩子「嘴硬」。

從說「不」到堅定自己的想法，堅持自己的原則，再到形成自我的過程中，會衍生出許多優秀的特質，如專注、勇敢、堅強等。不過在孩子自我形成的過程中，有些父母總是在曲解孩子的用意，以成人的思維去否定孩子的做法，這是最大的錯誤。

記得我兒子 2 歲半左右，在樓下玩時，有個小女孩上前問：「小弟弟，我能抱一下你家的小狗嗎？」

我兒子看了看懷裡的小狗，對小女孩說：「不，我的。」

我家孩子語言發展較遲緩，2 歲半時只能將關鍵詞表述出來。小女孩又說：「我就抱一下，一下子還給你。」

「不，我的！」兒子抱著小狗扭了一下身體。

小女孩急了，大聲說：「你怎麼這樣，不就抱一下嗎？自私鬼！」此時，她的奶奶也走了過來，對我說：「你家孩子怎麼這麼自私呀，你不能這樣教孩子，你不會教他分享嗎？」然後，她轉過頭，對我兒子說：「小朋友，好東西都要分享的，不能做一個自私的孩子！」

兒子求助般地看向我，周圍也有幾個乘涼的人圍了過來。我問兒子：「你願意將你的小狗給小姐姐抱嗎？」

兒子搖搖頭。我笑著對小女孩的奶奶說：「對不起阿姨，我兒子不喜歡分享，我們不要強迫他分享了。」

沒想到，那個奶奶一把拉起小孫女，丟下一句「連個孩子都不會教」轉身走了。周圍也傳來了人們的指責聲：「將來這一定是個自私的孩子！」、「這是大人沒教好，說不定大人就自私呢！」

孩子不想分享，或者宣示主權說「這是我的」就是自私嗎？當然不是，自私指的是在利益上發生衝突的時候，我們選擇了損害他人的利益，而滿足自己的利益。孩子並沒有損害他人的利益，自己的東西本就應該自己做主，這只是一種自我意識的覺醒，他們按照自己的意願、情感、心理和意志的需要行使自己的計畫、支配自己的行為，這就是自我意識。

所以，不要總被一些道德綁架的言論干擾，認為孩子懂得了自我就是自私，他們只是懂得了什麼是自我。比如，在工作中你的文案剛剛完成，這時一位同事過來說：「你的文案可以送給我嗎？」你會怎麼處理？當然是拒絕。難道這是自私嗎？當然不是。

小朋友有了自我意識的時候說明他們了解自我，在職場中遇到的許多老好人，其實就是自我意識建構過程中出現的漏洞造成的。

我有一位忘年之交，她的女兒今年已經大學畢業了，但她對女兒十分不放心，怕她職場受騙、感情受挫。多年之後，她才發現當時教給女兒的一些思想是錯誤的。

她對女兒十分嚴格，在女兒小時候，她的主要引導方向就是告訴女兒要無私、謙讓、大氣等。

幼兒園玩玩具，她的女兒總是最後一個挑選，受到老師的誇獎；小學時她送給同學不少東西，老師又將「樂於助人」的小標籤貼給了她；大學之後，女兒已經慢慢走向了「老好人」的形象，就連男朋友也被朋友搶走了。

現在女兒成人了，我那位朋友才發現自己的教育多麼失敗。在當今社會，無論做什麼，一個沒有自我的人怎麼可能懂得保護自己、愛惜自己呢？可是現在再來教她「自我」已經晚了。只能從某些事情上讓她自己去克制內心的想法，照著方法來處理了。

孩子有了私有意識，父母要懂得保護，不要以強制的語言告訴孩子這樣做不可以：比如，當孩子不想分享時，不要強迫孩子將東西拿出來；也不要強制孩子丟失自我，比如，孩子在畫畫時，你覺得畫得再糟糕，也不要隨意批評。更不可以讓孩子聽太多負面訊息，如別人嘴中的自私、高傲等。

最後，希望為人父母的你需要注意，如果孩子告訴你「這是我的」，那你要點點頭告訴孩子，「對，你的東西你做主！」

「孩子，你怎麼看」——尊重孩子的參與權與責任感

「去去去，小孩子懂什麼！」

「跟他商量什麼，說不明白又哭又鬧！」

「孩子嘛，你說什麼就是什麼，有些事他們還不懂！」

當問起家中有些事是否與孩子協商時，很多人都會這樣回答。這種完全被「通知」的狀態也許久而久之孩子會接受，習慣於被告知的孩子對家庭的事是漠不關心的，也就沒有了責任感。

最簡單的例子，我們可能見過很多「不懂事」的孩子，總管父母要這要那，完全不考慮家庭經濟狀況，如果父母不給，甚至會做出某些極端行為。其實，大家在為這些父母嘆息時，有沒有想過孩子發展到如此地步的原因是什麼呢？

孩子從 2 歲開始自我意識就覺醒了，這時就應該把他們當成家庭的一分子。身為家庭的一員，家中的事情他們需要知道，也需要參與決策，這種參與權是必須要給孩子的，有參與權的孩子才會有責任感。

你從來沒有讓孩子參與家中的事情，他對家庭的處境、經濟狀況等是沒有感觸的，不可能只憑要錢時父母的一句

「我們家沒錢」就有了責任感。再加上某些家庭中，父母的「責任感」過重，從來不會跟孩子說明家庭狀況，對經濟狀況更是隱瞞，孩子便有了父母總在騙自己的錯誤認知，當你想讓他懂事時，他又怎麼可能感受到父母的不易呢？

孩子的參與權，是滿足孩子自我意識發展的關鍵，也是培養孩子責任心的開始，同時還會給孩子更多的安全感。一位同事講了他的成長故事，讓我更加堅定了孩子的參與權十分重要的想法。

同事小張今年剛剛大學畢業，卻顯得比同齡人更加成熟，無論是說話辦事那分寸感都不像一個剛剛走出校園的毛頭小子。

在他童年時，家庭條件還不錯，不過父母都忙於工作，只有奶奶接送他上下學，但是小張並沒有成為那種隔代教養帶成的傲嬌孩子，原因是他有一位好母親。小張說，大概從三四歲開始，媽媽每天從公司回來後，都會陪他聊天，給他講一些公司裡有趣的事，也會問他幼兒園的事。而且，媽媽有時會把自己的煩惱講給他聽，問他該怎麼辦，當時讓他覺得自己不是一個孩子，而是一個小男子漢。

中學時，公司破產了。那一晚，幾個叔叔阿姨和他們一起討論今後該怎麼辦，小張也是其中一員。大家紛紛發表意見後，爸爸還鄭重地問了小張的意見，小張分析了幾個意見後，贊同了一位叔叔的意見：租一間小門市，從經營產品開始，一點點累積。爸爸點點頭，將幾個方案一一對比，雖然沒有採納小張和那位叔叔的方案，但是小張說，那時的他知道了爸爸媽媽為了他們的美好生活到底付出了多少。

他說，那幾年，他從一個闊綽的少爺變成了一個什麼事都會算一下的市井小民。他饅頭夾著榨菜吃了上頓吃下頓，就為了省下生活費，那時他的想法就是少跟媽媽要一點錢，媽媽就會少一點負擔。

現在，父母的公司又做大了，爸爸希望小張回公司幫忙，但媽媽還是覺得應該尊重小張的意見，後來，小張以充分的理由說服了爸爸，成了我的同事。

其實，孩子並沒有成年人想像中的那麼幼稚、無知，他們的想法可能與成年人不同，或者過於天真。不過隨著時間的推移、知識的累積，他們的見解也會不同的。在他們自我意識形成的階段，你的否定會打消他們的積極性，這種影響是不可逆轉的。

我姐姐家的兒子就是一個小大人，今年 10 歲了。我們工作忙時，他會給我們熱牛奶、烤麵包，他常常會給我們很多靈感，我每次到他家都會覺得他並不是一個孩子，而是這個家的小主人。

而姐夫對這個家的參與度卻不高，我們一直認為他是一個心中無家的人。因為姐夫從小在父親說一不二的強勢家庭中長大，受教育的程度也不高，憑著自己的努力才換來了現在的經濟條件，他對家也沒有什麼責任感，與孩子的互動也很少，他最喜歡做的事情就是與朋友喝酒和回老家。

姐夫的自私與逃避心理是極強的，遇到事情第一個想到的就是自己是否會受影響，其次就是我要躲遠一點。去年姐姐的工作室發生版權糾紛，想讓姐夫幫個忙，但姐夫以「不懂」為由拒絕了，讓姐姐一個人找律師、打官司。

尊重孩子的權利是對孩子的肯定。「孩子，你怎麼看？」這句話也許今天得不到成熟的答案，但有一天答案一定會讓你驚嘆。

告訴孩子，你不完美，但你可以變得很美

孩子在自我意識敏感期中會有很強的自我意識，有些沒有受挫的孩子會很自信甚至自負，而另一些孩子則可能會自卑。如果你發現孩子已經有自卑傾向而不及時干預的話，可能自卑就會成型，影響孩子未來的性格。此時，最簡單的干預就是將自卑轉化為動力，告訴孩子你不完美，但你可以變得很美。

我們先來看一下產生自卑的原因吧。孩子在自我意識敏感期就如一隻小螞蟻一樣，探著觸角發掘周圍的氣味。身邊的評價在此時也會對他產生影響，很多父母雖然本心是激勵孩子，卻用了一些不恰當的語言，最常見的就是「別人家的孩子……」的評價，總在自己家孩子面前以別人家孩子為例，本心是為了樹榜樣，可是對於自我意識剛剛萌芽的孩子來說，是不受歡迎的，久而久之，孩子便會產生自卑心理。比如他不會跟你常常誇獎的那個孩子玩，再比如他常常會盯著你誇獎的孩子的缺點等。

其次是別人的否定。孩子在此時期是需要鼓勵的，因為他們對自己發現的一切都會有成就感，比如他們的畫作、擺好的積木等，他們會覺得自己完成了一項大工程，如果此時

傳來更多否定的聲音，他就會感覺自己受到了否定，也會形成自卑心理。

再次，便是自己能力不足。家長的高要求，事情的高挑戰，都會帶來挫敗感，這種挫敗感會讓孩子覺得自己很差勁。

之前我遇到過一個很優秀的孩子，小小年紀琴棋書畫樣樣精通，但是他總說自己不行，他給自己定了一個很高的目標，可以說是他這個年齡各方面都不可能達到的高度。當時，我對他的父母說：「你們可以幫孩子修正下目標，否則會讓孩子有很強的挫敗感的。」但是他父母卻說：「目標遠大才有可能更優秀。」

後來，孩子上了高中，早已沒了孩童時的伶俐，常常低著頭走路。他的父母說：「孩子現在總說自己不行，什麼都不會，做什麼都會失敗。」

目標遠大沒有問題，但是過高的目標會深深傷害孩子幼小的內心，讓孩子形成自卑心理。此時，需要父母去安撫孩子，幫孩子糾正自卑心理，慢慢培養自信。不過，哪怕糾正之後，那種已經形成的自卑心理會隱藏起來，也會不定時地出現。

所以，身為父母在孩子需要的時候一定要做出最正確的選擇。「媽媽，我畫畫不好，小朋友總笑話我。」、「爸爸，我的好朋友當了班長，我卻什麼都不是。」、「媽媽，老師說我反應慢，我是笨嗎？」這類問題都預示著孩子可能已經自卑了，心理轉化工作也是勢在必行了。

對於幼兒來說，他的心理形態還未成形，他只是初步意識到某個問題，所以父母此時最忌諱的就是下定論，可以用一些增強存在感的遊戲來增強孩子的信心，然後在此基礎上將自卑轉化為動力。

我遇到過這樣一個案例，男孩小穩今年 6 歲，性格內向，他父母說他做事唯唯諾諾，常常否定自己，還舉了個例子。

小穩報名參加了思維訓練小班課，班裡有 10 個小朋友，媽媽跟了兩節課發現小穩不怎麼活躍，便問：「孩子，你是不喜歡這個課程嗎？」

小穩說：「喜歡呀！」

「那為什麼不舉手回答問題呢？小朋友一起玩遊戲時你的興致也不是很高啊。」

「因為我不行呀，我怕我的回答都是錯誤的。而且，小朋友們可能也不喜歡我，我不愛說話。」小穩低頭說。

我繼續問：「那小朋友的答案與你想的答案一樣嗎？」

「嗯，一樣。」小穩眼中閃過一絲快樂。

「那你為什麼覺得小朋友不喜歡與你玩呢？」我又問。

「因為，我……我就是覺得……」小穩低下頭。

我摸摸他的頭，說：「孩子，你是覺得自己沒有他們好嗎？那阿姨告訴你，你現在覺得不好，那你為什麼不努力變成好的樣子呢？上課時勇敢地回答問題，下課後主動和他們玩。其實你不知道你的能量有多大，你努力之後，會變得很強大的。」

小穩眨著眼看我，我又轉向小穩媽媽，說：「其實，你的兒子很優秀，只是他在累積能量，現在看上去不完美，但他的努力會讓他變成你想像不到的樣子。」

之後，我與小穩媽媽交流了一些干預方案的細節。送他們出門時，小穩竟然衝我笑著說再見，小穩媽媽的眼淚一下就流了出來，她告訴我：「小穩從來沒有跟一個陌生人主動打過招呼。」

我笑著說：「以後就會了！」

小穩是一個很棒的孩子，他的唯唯諾諾源自對自己的否定，其實這個時期孩子的情緒、性格都是可塑的，關鍵是父母是否能及時發現與干預。

如今，小穩已經長成一個大孩子了。今年剛剛中學畢業，那天畢業典禮後，他的媽媽帶他來找我，問他是否還記得我，他笑著說：「我當然記得，這是那位摸我頭的阿姨。」我沒想到一個小細節讓他記住了我。

他繼續說：「阿姨，我當時對您的話並不是十分理解，但是我相信我是有能量的人，而且媽媽常常會給我講您的話，我明白了人無完人，我更明白了人可以透過努力向著完美的方向發展。」

「好孩子。」我再次摸摸他的頭，他沒有眨眼，還是笑呵呵地向我點了點頭。

每個孩子都是優秀的，主要是父母是否發現了孩子的優秀之處，總想將孩子打造完美的家長只會讓孩子感到壓力重重。希望父母給孩子的訊號不是「完美」，而是「很美」，這樣孩子才會變得更加優秀。

允許孩子說「不」，
不要一味對他說不可以

最近我家孩子學會了一個詞「狡辯」，有時我與他商量事情時，當我持反對意見他就會說：「狡辯」。我很納悶這個詞他是從哪裡聽到的，他說是他朋友的奶奶常說的話。我不禁想到了一個問題，當你的孩子對你說「不」時，你會怎麼做呢？是發揮家長的權威對他說「不可以」嗎？

孩子 3 到 6 歲便會進入第一個叛逆期，此時孩子已經處於自我意識敏感期，他們已經感知到了自我的存在，所以便會獨立思考一些問題，也常常會發表一些不同意見。如果他們覺得父母的做法與他的思想不對等，便會大膽地說「不」，很多家長是有家長威嚴存在的，特別是在大庭廣眾之下被一個孩子反對，便會覺得孩子挑戰了他們的權威，然後馬上制止，殊不知這種制止會對孩子的將來造成極重的影響。

我的同學前段時間帶孩子來找我，從中學畢業後我再也沒有見過他了，他看上去有些滄桑，我才意識到我們已經人到中年了。他的女兒今年 12 歲，上國中一年級，聽說我這裡有公益輔導課程就來報名了。

他說：「我是一個沒能耐的人，孩子學習很好，但別人家孩子都上輔導班了，我又沒錢，只能來找你了。」我笑著

說沒問題，便帶他女兒上樓聽課，回來時，他依舊坐在沙發上，見我下來，便問：「多長時間？」

「一個小時。」我說，「你等著或者下課後來接都可以。」

「我等著吧。」他猶豫了一下說，「我能諮詢點事情嗎？」

我點點頭，他繼續說：「我吧，你也知道，從小就老實，不欺負人。我最近換了一個工作，薪水還算可以。但是我這麼大歲數了，他們總把我當一個新人對待，誰都可以指使我，連列印的工作都是我在做，我覺得壓力很大，在公司一點尊嚴沒有。」

我點點頭，說：「你剛轉行，他們把你當新人也不足為奇，但是做公司的『老好人』我不太贊同，你可以說『不』。」

「我說不出口。」他說，「我從小就怕說『不』，我爸爸是一個脾氣很大的人，小時候一說不他就打我，我現在只要心裡一有否定的想法就會想起我爸，隨著年齡的增長，這種感覺越來越明顯。」

透過談話，我了解了大概情況，幫他做了心理疏導，又幫他找了專門從事心理輔導工作的同事，希望能夠幫到他。

華人受到「君君臣臣父父子子」思想影響很深，有些人理解錯誤，認為父母的威嚴是不可挑戰的，於是將孩子在自我意識形成期中的主觀意識表達，當成了對權威的挑戰，卻不知道這些家長的做法會直接影響孩子的成長。

制止孩子說「不」，其實就是遏制了孩子的思維發展與自我意識的形成。記得我家孩子從 2 歲半開始，就會表達一些自己的情緒。比如，我拿玩具球給他，他如果不喜歡玩時會直接扔回給我，說「不玩」；再如，我幫他報的幼兒英語課，他不想上課時會扭著小腦袋說「不喜歡」……這樣的事情數不勝數，但當時我並沒有強迫他去做，而是用另一種方法勸他去做。

成年人的智慧一定是高於幼兒的。這個說法是正確的吧？當孩子說「不」時，我們應該有很多種方法勸孩子說「是」，那為什麼非得用「不可以」去打擊孩子呢？

最近，我家孩子學前班線上開課了，他告知我他開課的事項，他表現得很煩躁，並對我說：「媽媽，我不上也會的，一年級還要學，我不想上。」

我問：「那當時媽媽報班時你有沒有同意？」

「是的，我是同意的。」他說，「可是當時我並沒有約到好朋友，現在我們每天在樓下一起玩，上這個課會讓我少玩很長時間。」

我點點頭，說：「的確，你說得很有道理。但是我覺得，如果現在上了這個課，將來上一年級後會省力些，你的作業也能做得很快，那時玩的時間可不只是這半小時呀。如果你作業做得慢，那你上一年級後所有的時間都會花在寫作業上，你還有時間玩嗎？」

兒子愣在那裡，我彷彿看到了他的小腦袋在高速運轉中，過了好一陣子，他說：「我知道了，媽媽，我會好好上的。」

幼年時期勇於說「不」並非是對父母的挑戰，如果父母恰當地引導，這些孩子未來一定是有主見和判斷力的，而這種能力是他們走入社會、適應社會所必備的。當父母強制性地打斷孩子的思維時，他們的主見與判斷力也會受到嚴重的打擊。

我有時會聽到一些父母衝孩子大吼：「我說行就行！」、「你閉嘴！」、「馬上去，不許有意見！」可知這些命令似的語言會直接留在孩子的內心之中，在父母的強權之下成長的孩子總是在開始時就丟失了很多能力。

希望父母能正視這些問題，當你的孩子嘟著小嘴說「不」時，你一定要先弄清原因，並與他商量，或者發揮你的聰明智慧與孩子「鬥智鬥勇」，千萬不要一票否決，澆滅孩子的熱情。

讓孩子真切地感受到，你有多麼愛他

無論孩子多小，都是有感情的，他們在自我意識敏感期中會很靈敏地感知到父母的愛。所以這一時期，你可以充分地表達自己的愛意，讓孩子充分地感覺到你是多麼愛他，這時他感知到的愛會轉化為安全感、自信與勇氣。

一個被愛包圍的孩子會勇敢地對世界說愛。如果你愛孩子，就應該讓孩子真切地感受到這份愛，這樣的孩子將來也會更愛別人。

我之前在幼兒園中做過一個小調查，目標測試人是中班 30 個小朋友，測試題目為，你覺得爸爸媽媽誰更愛你？

結果 30 個小朋友中 21 個選擇了媽媽，2 個小朋友說是奶奶，其餘的幾個選擇了爸爸。無論選擇的是誰，小朋友的理由是誰陪他們時間更長、誰常常對他們說「我愛你」、誰常常叫他們「寶貝」等。

你會發現小朋友們眼中的愛是顯性的，是他們能感知到的，所以才會有小朋友更愛媽媽的現象，雖然爸爸在外辛苦工作，為了家也付出了很多，但是因為沒有陪伴，也沒有語言的表達，會讓小朋友覺得爸爸不愛他。也正因此，很多人長大後會覺得與爸爸有距離，特別是男孩子，這種感覺會更深。

所以，愛是需要表達的。大家可以透過一些親子互動來增進與孩子的感情，特別是在當老大在敏感期時有了弟弟妹妹的家庭，父母更應該關注老大的狀況，更應該表現出對老大的愛。

有段時間，因為工作特別忙，同事將3歲的孩子放在了奶奶家一個月，結果接回孩子時，孩子先是抱著她哭了一陣，然後就不理她，顯得對她十分排斥，弄得她也是不停地哭。

晚上睡覺時，她問孩子為什麼不理媽媽。孩子又哭了，說：「媽媽不是不愛我了嗎？」

一句話讓同事眼淚又流了出來，甚至開始懷疑是不是婆婆說了什麼，女兒又說：「媽媽，妳工作忙我可以自己在家等，妳不要把我放在奶奶家好不好？」

同事陷入哽咽之中，女兒也哇哇地哭，好一陣子後，女兒說：「媽媽，我知道妳是愛我的，看妳哭，我就知道。」

後來同事跟我們說起這件事，全程她沒來得及做一句解釋，結果女兒就自己從疑問變成了肯定，而肯定的原因竟然是媽媽哭了。

其實，孩子是有自己的判斷和思考的，父母的語言和動作都能讓他們體會到父母的情緒。由於我工作忙碌，與孩子交流的時間很少，每天也只是在接他回家的路上坐在車裡聊幾句。但是每到週末，我一定會抽出大部分時間來陪他。

天氣好我們就去公園、遊樂場，天氣不好我們就在家裡一起聊天、看電視、玩遊戲。如果休假，我便會規劃一個短途旅行，帶著孩子來一場說走就走的自駕遊。其實除了這些出遊的親子活動，在平時我們也可以利用一些零散時間與孩子進行互動，哪怕與孩子經常聊天，都會讓孩子感受到愛。

但是，對於愛孩子這件事，有些家長會有很多疑問，陪伴是愛，但管教也是因為愛呀，小樹打掉枝椏不就是為了讓小樹能成棟梁嗎？他們覺得自己也是在愛，自己的行為都是因為愛，為什麼孩子卻無法感受到愛呢？有個教授曾說：「家長們對孩子用心了，但用得不是地方，主要以管教為主，處處充滿痕跡深重的干涉，兒童所體會到的多是強制力，而不是教育。」

這種愛是「有條件的愛」，孩子在這個年紀，所能體會到的只有父母的強制性壓力，這種愛的品質很差，特別是對幼年時期的孩子還會造成某些心理陰影。或者說得更明確些，父母的這種愛就是一種「綁架」，只是為自己的干涉行為找的藉口。甚至有些父母會因此哭訴：為什麼我付出了那麼多，你卻感覺不到？我逼著你學習不是愛你嗎？為什麼說我不愛你？

孩子需要的愛是溫暖的，直擊心靈的，愛能讓孩子覺得更舒適、更安全，也會讓孩子學會如何表達愛。

記得同事家有個小朋友特別有意思，她每次見到我家兒子後都會跑過來親一下，我兒子也會笑著回親一下。一天，這個小朋友對我說：「阿姨，你可以帶我和哥哥（我兒子）出去玩一天嗎？」

我說：「可以呀，如果你媽媽同意的話，阿姨可以帶你們去，你想去遊樂場嗎？」

「不是，我想去海邊，我想對著大海跟哥哥說我愛你！」聽完這話，我們不由得笑起來，這個小不點只有 3 歲，小小年紀懂得什麼是愛嗎？

小朋友認真地說：「阿姨，我覺得哥哥是世界上最愛我的人！」

她的媽媽不禁問：「那媽媽呢？」

「媽媽不行，媽媽不太愛我，她愛她的工作，不陪我，也不給我糖。」小朋友說話的模樣認真極了，她的媽媽也沉默了。

這時，我兒子說：「那你怎麼會覺得哥哥最愛你，哥哥最愛哥哥的媽媽。」

小朋友說：「不對，哥哥就是愛我，你陪我玩，給我糖，還會摸著我的頭說『乖乖』。」

其實，孩子要的愛並不複雜。在這個年齡，父母一定要將自己的愛真真切切地表達出來，這樣孩子才會體會到愛，在愛中浸潤，在愛的包裹中長大才是世界上最幸福的人。

第九章
事物興趣敏感期：
抓住激發學習熱情的黃金時機

孩子有一雙充滿好奇的眼睛。從出生開始，他們便會用耳朵、眼睛、鼻子、嘴巴和小手小腳去感知這個世界，特別是進入事物興趣敏感期後，他們對事物的好奇會更加明顯，這是激發孩子學習興趣最好的時機，父母一定要把握好機會。

孩子有興趣，才有注意力

楊振寧博士在談論成功時，曾經說過：「成功的祕訣在於興趣。」從古至今，無數的例子也在表明興趣的重要性，至聖先師孔子也認為：「知之者不如好之者，好之者不如樂之者。」對於一個孩子而言，從生於這個世界開始，就張開了探索世界的眼睛，而興趣是他們最好的老師，更是高度集中注意力的原動力。

孩子自 1 歲半開始，便對細微事物感興趣，在 1 歲半到 4 歲期間是孩子事物興趣的敏感期，他們可以接受很多成年人忽略的興趣訊號，比如你會發現孩子會撿起莫名其妙的東西，再比如他們會常常對著一個點發呆，更或者他們會突然喜歡上一個動作，等等，這些都是興趣的萌發訊號。在此期間，千萬不要打斷他們的思緒，也不要以成人的視角去評判他們的對錯，只需要在保證孩子健康安全的情況下滿足他們的興趣就好，你會發現，在他們最感興趣的點上，他們的注意力可以達到你想像不到的高度。

一位家長曾經找到我詢問孩子為什麼注意力不集中的問題，卻發現原來是自己的行為導致了孩子的問題。

這位新手媽媽看了很多育兒書，並常常將學習到的經驗用於對孩子的培養上，在眾多「育兒經」中，她說她最鍾愛的就是那句：「提高孩子語言表達能力的最好方法就是對話。」

因此，她從孩子出生之後就特別愛跟孩子說話，而事實也的確是她家孩子的語言表達欲望很高。但是入學後她發現，孩子雖然有著極高的表達欲望卻並沒有太高的表達能力，明明一句話就可以說清楚，孩子需要反覆強調，且用詞也很不準確。開始她認為只是孩子小的問題，可現在更多的問題出現了，她聽到學校老師最多的回饋是：

「您家孩子上課注意力很不集中，還經常打擾其他小朋友。」

最開始，她還在「育兒經」中找藉口，以心靈雞湯安慰自己，甚至還覺得孩子的「與眾不同」是天分的表現。久而久之，她也陷入了懷疑，她發現孩子的注意力集中時間的確很短，且常常會自言自語地打斷自己的學習。這位媽媽很痛苦地講完了問題後，我問：「您回憶下孩子小時候是否有過看著一件事物發呆或者對一件事注意力高度集中的時候呀？」

她說：「有呀，他小時候特別喜歡趴在地上看螞蟻。」

「那當時您做了什麼呢？」

「我也跟他一起看，還教他認識螞蟻，給他講螞蟻的故事。」

看來這位媽媽對自己的做法感到很得意。我點點頭，又問：「那是不是他每次對事物產生興趣時你都會加入其中呢？」

「是的。他喜歡畫畫，我就給他講畫畫；他喜歡唱歌，我就跟他一起唱……因為對於孩子而言，陪伴是最長情的關懷嘛！」

我笑笑說：「您知道嗎？您的參與破壞了他注意力的建立。注意力的培養是需要過程的，如果把注意力的培養比喻為搭積木，興趣將孩子吸引了過來，但是，您來了，三兩下積木搭好了，孩子的思考力、創造力還沒有發揮就看到了結果，您覺得孩子還會有興趣再繼續嗎？久而久之，他會對周圍的事物失去興趣，沒了興趣，注意力自然也就無法集中了。」

這位媽媽聽後更著急了，甚至開始自責起來。我勸慰了她一番，並給了一些糾正方法後她才略帶安心地離開。其實，很多父母都如這位新手媽媽一樣，過多參與孩子的世界，用自以為正確的教育方法培養孩子，結果往往並不是那麼盡如人意。特別是注意力，沒有醫學疾病的前提下，任何一個孩子的注意力都可以透過興趣來集中，也就是說興趣是培養孩子注意力的最好辦法。

在孩子事物興趣發展敏感期時，父母要盡量放手，讓孩子自己探索興趣，在孩子極感興趣的事物上，也不要輕易插入進去，更不要給予意見或者建議，只需要默默陪伴就好。這個階段所有「靜」的時間，都會加入注意力的形成之中，今天的「靜」就是明天的「專注」。等孩子慢慢成長後，他可能會對敏感期時的「興趣」失去愛好，但那段「靜」的專注力會刻在他的行為中。

所以，我們不難發現，不僅是孩子，很多成年人發現自己感興趣的事物後，也會表現出高度的注意力，其實這都得益於那段敏感期時的情感體驗。同樣的道理，如果想要將注意力高度集中起來，興趣也是最關鍵的點。因為有了興趣，注意力也會跟著高度集中起來。

調查表明，在繪畫課上，女孩子的注意力要高於男孩子，而在體育課上，男孩子的注意力要高於女孩子，這便是興趣的原因。比如，當你對一件事物特別感興趣時，你會發現時間過得很快，那是因為你的注意力集中到了興趣上，而忽略了時間；而當你等一個人時，你會覺得時間過得很慢，那是你的注意力集中到了時間上的緣故。

再比如，為什麼很多人沉浸在遊戲的世界無法自拔，如此高的注意力都源自他們對遊戲的熱情，因為有興趣，所以才會難以自制。家長常常對孩子吼：「為什麼玩手機這麼專注，學習不見你這麼專注？」這個問題很好回答，因為孩子對手機感興趣，對學習不感興趣呀。

孩子的注意力不是強制性的捆綁，誰的童年沒有上課飛出過思緒，而最好的集中注意力的辦法就是找到興趣，所以注意力不集中也不是孩子的注意力差，而是因為孩子的興趣點並不在此。

透過事物探索，充盈孩子的生命認知

在孩子的事物興趣發展敏感期中，父母不要做過多的指引，不僅可以促進孩子注意力的發展，更是為了保護孩子的認知發展。可能有些人會質疑，父母難道真的不要參與，任其發展嗎？答案是否定的，當然不可以，父母不干預，但不等於不參與。

孩子的可塑性很強，而往往對孩子影響最深的就是父母。因此，父母在孩子的事物興趣敏感期中，可以盡可能地為孩子創造更多的機會，讓他們接觸更多的事物，同時支持他們對事物的探索，開啟孩子認知能力發展的大門，充盈孩子的生命認知。

在孩子的眼中，世界上的一切都是新鮮的，都是未知的、需要探索的，此時，父母要給孩子充分的機會去探索，請相信，直接給答案不僅僅忽略了解題過程，而且剝奪了解題的能力。

現在很多孩子喜歡樂高積木，它之所以有如此大的吸引力，不只因為它有著多變的造型，更因為它是孩子親手搭起夢想的創造過程。孩子對事物的探索能力是與生俱來的，他們可能會打開冰箱感受涼風來襲，更會左看右看是哪裡產生的涼風，而父母此時一定不要說：「快關上門，有什麼好看的。」因為當他服從的那一刻不只是關上了門，更是關上了剛剛萌芽的好奇心。

我的朋友是個對一切新鮮事物都感興趣的人。最近我發現，她的女兒彷彿就是她的翻版，小女孩對一切未知都充滿了好奇心，而她對世界的認知能力也令人驚嘆。

朋友說，她從來不會去干預女兒的探索。小姑娘曾經為了觀察螞蟻搬家，在公園蹲了一下午，朋友全程陪伴，最後小姑娘說：「媽媽，螞蟻好偉大，我們一步可以達到的地方它們要走好久，可是它們從不放棄。」

我問朋友：「你為什麼不趁此機會告訴她，螞蟻搬家是要下雨了，或者螞蟻的偉大之處在於它能搬起比自己身體大好幾倍的東西或者團結之類的呢？」

朋友回答說：「螞蟻搬家要下雨她多觀察幾次就會知道，至於螞蟻的其他偉大之處，她也會在以後的觀察中發現。我告訴她的話就是強制性的灌輸，這些在書本中都會有，而她的觀察體驗才是她對生命真正的認知。」

這個小女孩最近經常陪我兒子玩。有一天，我的兒子抓起小石子準備打一隻小狗時，小女孩攔住說：「不要這樣，我們不可以欺負弱小，每個生命都值得被尊重，牠的媽媽會哭的。」我很好奇一個剛上小學的孩子怎麼會說出這樣的話，便問：「你說什麼？為什麼生命要被尊重？為什麼你知道它的媽媽會哭？」

小女孩昂起頭，充滿疑惑地問：「阿姨，您沒有發現小狗眼中的害怕嗎？那天媽媽因為我在幼兒園摔傷哭了好長時間，我摔下來時就是這種害怕的感覺。」

我點點頭，又繼續問：「那你知道什麼叫被尊重嗎？」

「當然知道，每個在這個世界上的生命都在頑強地活著，難道不值得被尊重嗎？」小女孩堅定地回答。

我竟然不知道該說什麼。事後，與朋友談起這件事，朋友笑著說：「她第一次告訴我每個生命都值得被尊重時，我也覺得奇怪，她給我解釋說不但人類在辛苦地工作，動物也很努力。流浪狗媽媽為了讓小狗吃上東西，自己餓得奄奄一息也不肯吃一口；小鳥從來不會在人們窗外嘰喳個沒完，是因為怕打擾人們休息；水滴為了變成小雪花，會把自己凍僵……在她看來，世界上所有事物都在努力。」

一個對世界都充滿敬畏的人不會去破壞世界，一個有探索欲的孩子也不會只停留於淺顯的表面認知之中。孩子的可塑性是很強的，父母給他們怎樣的成長環境，他們便會成長為什麼樣的人。

但是支持孩子去探索並不是讓孩子去做一切體驗。還記得那個暖壺蓋的問題嗎？當時，很多媽媽說：「如果不想讓孩子去拿暖壺蓋，就拿著他的手放到壺口試試，燙著了就再也不敢碰了。」雖然這種方法被一些媽媽採納，且試驗成功了，但對於這種可能會傷害到孩子健康的做法，我卻不支持。

孩子對世界的認知是感性的「進攻型」，「初生之犢不畏虎」就是這個道理，但身為父母應該是理性的，有些事我們當然不能讓他們自己去探索，等燙傷後再告訴他們：「吃一塹，長一智。」這種「體驗」只能磨滅孩子的探索興趣，甚至還會造成一些心理陰影，讓孩子變得膽小、怯懦。

朋友女兒小時候，有一次對飲水機產生了興趣，她已經觀察飲水機好幾天了，而且每次接水時水桶發出的「咕咕」聲她會特別注意，更重要的是，她幾次想按下開水口的按鈕。朋友看到這種情況，就與女兒一起做了一個實驗。朋友拿出從水產市場剛買回的兩隻活蹦亂跳的蝦分別放到兩個碗中，讓女兒從冷水口接水，蝦在碗中游了起來；又讓女兒從熱水口接水，蝦慢慢變紅不動了。女兒明白了熱水的「威力」，便放棄了嘗試按下熱水按鈕的念頭。直到現在，女兒能自己去接熱水喝了，她也是先將杯子放在接水臺上，然後再按下按鈕。

孩子在事物興趣敏感期時的一切動作也都是敏感的，身為父母要保護好孩子對世界的探索興趣，充分發揮孩子的體驗式認知能力，你會發現孩子對生命的認知能力有時成年人也望塵莫及。

陪孩子一起塗鴉，
繪畫敏感期讓想像力去飛吧

人類了解世界的重要方式就是透過感官，而孩子出生後發育最迅速的感官就是眼睛，眼睛是孩子直接感知這個世界的最佳途徑。自古以來，人類一直在用眼睛來觀察這個世界，將眼中的世界落於紙上便是孩子對世界感知的首次輸出。

了解漢字發展史的人都知道，倉頡造字的方法是將事物轉化為圖畫符號，這些圖示經過演化多次修改之後才形成了中華民族特有的文字 —— 漢字。其實，繪畫是一種複雜的精神活動，是兒童最直接的、最自由的、最便捷的情緒表達方式。孩子在幼年時期最喜歡的即是塗鴉，這一時期正是兒童繪畫敏感期，父母身為孩子最信任的夥伴，此時最好的做法就是陪孩子一起塗鴉，放飛孩子的想像力。

幼兒時期的孩子最喜歡用手去摸東西，每種觸碰都會在他們心中留下深刻的印象，而用手來把自己頭腦中的東西表達出來，那是一種極高的成就感。小學一年級的教師會發現，孩子們特別喜歡畫畫，下課後有些孩子不想出去玩，就趴在桌子上畫畫。而拿起小學課本也會發現，幾乎 80%的孩子課本上都有或多或少的塗鴉，因為塗鴉是他們表達內心的

直接方法。在孩子的筆下，所有的物都是活的，都是最形象的，也都是帶著情感的。

雖然現在很多新手爸媽在高等教育的背景下對孩子的塗鴉抱支持態度，但是往往卻無意中對孩子的繪畫敏感期潑了冷水。

第一種，規定範圍發展想像力。

如果仔細觀察，你會發現，孩子很喜歡在牆上亂寫亂畫，雖然說過不允許，但還是會偷偷留下一兩筆，於是，父母便買來了繪畫板、牆貼等，給孩子劃出一個範圍，讓孩子在範圍內繪畫，但是這樣有效果嗎？事實證明，孩子並不會如你所願在規定範圍內塗鴉，一段時間後便會在「版塊」的邊緣、桌面、地面等再次出現新的「作品」。

那是因為孩子的塗鴉源於想像力，他們的繪畫是當有思緒爆發時的隨手而為，與構思之後的範圍內繪圖並不相同。這就好比成年人所說的靈感，可能會受某個點觸動而迸發，並不是說來就來。

當然，給孩子一個繪畫的場地並沒有錯，只是要注意孩子的年齡，當孩子進入幼兒園後，懂得了規則，那麼他自然也習慣在規定的範圍內繪畫了，當然此時的繪畫不僅有想像力，也加入了他們對世界的認知。

第二種，有天賦就要培養。

有些父母特別欣喜於孩子的成長，留心地發現了每個變化點，於是當孩子拿出畫筆畫出一個圓圈說是太陽時，這些父母便如獲至寶，認為孩子「天賦異稟」要著重培養，於是拉著孩子加入了各式各樣的繪畫培訓班。初為父母需要明白這一點，任何培訓機構都有自己的培訓章程，也就是說，孩子自主繪畫是自我發掘，只要加入其他人的干預，便會進入「學習」的範疇，而當孩子進入學習狀態之後，便會停止自我開發。

舉一個簡單的例子。我有一位學生，孩子在幼兒園時就酷愛畫畫，特別是中國畫，他拿著小毛筆，信手拈來地畫世界。雖然不明白色彩的原理，但是畫面的配色讓人很是舒服。於是他的媽媽給他報了國畫班，隨著年齡的增長，他的畫技進步很大，也獲得了很多獎，但是他並沒有那麼喜歡了，而且如果不臨摹他也無法再自己創作。

他的媽媽對此感到很疑惑，總是在問：「你小時候不是想畫什麼就能畫出來嗎？為什麼現在要看著畫？只畫那些名家的作品做什麼？」

他說：「我不會。」

為什麼不會呢？小時候不是畫得很好嗎？一次，我拿出他小時候畫的〈雪梅〉與現在的〈雪梅〉做對比，問他：「你覺得哪一幅好看？」

「我覺得後面這一幅，老師說梅要病梅才好看，小時候畫的梅花沒有病態。」他回答道。

從他的回答中，我找到了問題的癥結所在，「老師說」就是規則，而這個規則所扼殺的就是兒童的想像力，實際觀察下，有哪一株梅花真的如盆景般病態呢？因此，不要認為孩子的繪畫只是為了展現繪畫天賦，那是他們對世界認知的輸出，父母此時需要做的不是「因材施教」，而是陪伴。

父母的陪伴帶給孩子的幸福高於一切，而且在這種極度舒適、安全的陪伴中，孩子的想像力會得到最大的綻放。我家孩子小時候，我常常會陪著他畫畫，我發現在他的畫中，小熊是彩色的，太陽是粉紅色的，所有事物都長著眼睛，還笑瞇瞇的。在孩子的心中，世界有獨特的顏色，而所有的事物也都是有生命的。身為父母一定要給孩子充分的想像空間，為他建構最舒適的發展環境，也許你的陪伴會成就孩子一生。

3 到 5 歲為最佳的繪畫敏感期，父母此時要選擇陪伴，為孩子提供繪畫材料和環境，不要設限，放手讓孩子去畫，盡情發揮想像力，畫出心中的所思所感。畢卡索說：「我花了一輩子學習怎樣像孩子那樣畫畫。」任何一項藝術直覺與本能的創造都要遠遠高於理性的創造。

音樂敏感期，將優美的旋律進行到底

人類除了用眼睛去感知這個世界外，耳朵也會參與其中，而耳朵的參與也往往會早於眼睛。一般三個月左右的嬰幼兒，聽到聲音就會隨之轉頭，而更奇妙的是他們對自己喜歡的聲音會表現得更興奮，對於不喜歡的聲音也會表現出難過。而且，到了幼兒時期，很多父母會發現自己的孩子會隨著音樂的節奏起舞，他們不懂音律，卻可以跟上節奏。其實，此時幼兒已經進入了音樂敏感期。

兒童心理教育學家蒙特梭利將兒童的音樂敏感期界定為 3 到 5 歲，據資料分析此時期的孩子對音樂有著超強的感知力，此時需要父母提供一個高品質的音樂環境，讓孩子充分在音樂旋律中展現自我。孩子的智力、四肢協調能力甚至藝術審美水準都會得到相應的提高，同時在音樂敏感期時接觸到的音樂對孩子的性格也會產生至關重要的影響。

音樂敏感期的孩子對音樂有著天生的理解力，而此時期的陪伴不同於繪畫敏感期。父母需要做的不僅是陪伴，更重要的是為孩子擇選音樂，讓音樂真正發揮啟蒙的效果，用音樂去打開孩子的感知力、情緒表達力、理解力等。

鄰居家的爺爺很喜歡敲鼓，他的小孫子便是聽著鼓聲長大的，在小孫子很小的時候，爺爺便給小孫子自製了一個鼓，還教會了小孫子敲鼓。結果，一個兩三歲的小不點，竟然可以將節奏敲得一拍不錯。爺爺經常帶著小孫子在樓下廣場表演，當大家鼓掌時，小朋友還會很禮貌地鞠躬說謝謝。

現在，小朋友已經上小學了，那天碰到他正在樓下彈吉他，自彈自唱，很是開心。我便問：「你學會彈吉他了呀？在哪學的？」

他說：「阿姨，我正在學，我自己找來譜子彈彈試試，不行再去找人學。」

小朋友很懂事，也很有自制力，在樓下許多孩子打鬧成一團的情況下，還能保持如此專注，也很是難得呀。這可能就是敲小鼓時留下的情感體驗，他當時打出的節奏，不知道經過了多少次練習，在一次次練習中的「努力」便會刻在他小小的心裡。

其實，孩子的敏感期並不長，如果能在此敏感期中獲得更多相應的能力，那極有可能打開你未發現的天賦。此時，除了簡單的聽音樂外，還可以利用音樂進行各種遊戲，讓音樂把我們帶入孩子的世界中，為孩子營造出快樂的體驗環境。某媒體的〈布穀鳥〉節奏遊戲一度很受歡迎，大家競相模仿，這種韻律遊戲之所以引起關注，無非還是音樂的力量。

看到孩子隨著音樂起舞，身為父母可能會驚訝、感嘆，但是你不覺得應該將這種「天賦」保護好嗎？有些父母可能認為，這只是音樂敏感期的表現，我們身為父母都五音不全，哪裡可能生出有音樂天賦的孩子呀？其實你可能真的錯了，據調查發現，世界上沒有天生失掉音準的孩子，孩子在經過專業的音樂培養後，都有可能成為音樂家。那麼父母該如何抓住這一敏感期來啟動孩子的音樂天賦呢？在此提以下三點建議：

第一，創造接觸音樂的機會給孩子。

音樂是無處不在的，父母為孩子創造一個音樂世界並不難。記得我家孩子 4 歲時，我正在看歌劇《杜蘭朵》，當時語言能力還不是太發達的他突然唱著與我對話，雖然無法從專業角度去評判，但是他那一顰一笑、舉手投足儼然是一位歌劇演員。當時我並沒有對他的音樂進行評判，而是模仿著他的樣子唱著回答了問題。他整個人都變得興奮起來，一來二去，一唱一和，玩了一個多小時。現在的他雖然已經對 4 歲時的故事記憶不是那麼深刻了，但是每當再看歌劇時，他總會跟小朋友炫耀說：「我小時候和媽媽一起唱過歌劇」。

現在他對音樂依舊很敏感，哪怕是複雜的鋼琴曲他都會聽出故事來。不得不承認，用音樂陪伴長大的孩子會更懂得生活。

第二，選擇音樂很重要。

音樂是什麼？可以說是一種聲音，帶情緒的聲音。不建議父母在孩子的音樂敏感期時以流行歌曲來啟蒙，流行音樂是一種速食文化，更重要的是流行音樂的音域與孩子的音域並不相符。速食可以用來調劑生活，但真的有營養的還是那些有氣質的樂曲。

父母在選擇音樂時，盡量選擇一些節奏輕快、曲調有韻味的樂曲，特別是鋼琴曲、中國國樂等，要相信沒有填詞的樂曲才會有更大的想像空間，提高孩子的感知力和領悟力。這個過程也是一個「燻」的過程，一段時間後，父母便可以放一些正規的音樂，讓孩子從感知向表達轉化，從學習單純的節奏、旋律等向音準方面過渡。如果有可能的話，也可以進入專業知識的學習階段了。

第三，名師出高徒。

無論是繪畫還是音樂，如果想掌握住這一天賦一定需要一位領路人，繪畫的學習階段可以相對較晚一些，可以讓孩子盡情地發揮想像力；但是音樂卻不同，在孩子的音樂敏感值達到頂峰時，父母便可以讓他學習專業知識了。

一般情況下，如果孩子在幼兒時期表現出了對音樂的高度熱愛，那麼父母便可以在他 3 到 4 歲時為其找專業老師了。因為此時期學習能力開始啟動了，有天賦的孩子後天的學習力也是很重要的。

當然除了以上建議之外，還要強調保護孩子的音樂敏感期，抓住這一時期並好好利用，為孩子的音樂天賦打開一條通道。

趣味小實驗，增強動手體驗，尋找問題答案

生活中我們會發現，孩子的「實踐」執行力是很強的。孩子降生後，他們的小手就開始感受各式各樣的觸覺，隨著年齡的增長，便不會滿足單一的觸碰，而是開始進入了「開發」階段，這也是處於事物敏感期孩子的共同特性。他們的好奇心大增，喜歡並渴望用自己的「實踐」來解開各種謎團。此時，父母可以與孩子一起動手實踐，最簡單且實用的就是設定各種趣味小實驗，不僅可以滿足孩子實踐的渴望，還可以增強動手體驗，用實驗來解密，尋找問題的答案。

孩子在事物敏感期中，看世界都是充滿疑問的，他們不只是希望從父母那裡得到答案，更希望可以親手「製造」答案。此時，父母便可以抓住孩子的這一特點，為他設計各種動手實踐的小實驗，並與孩子一起完成。在這種融洽的親子關係中，不僅增強了孩子的動手能力，還可以讓孩子體會到更多，如勇敢、堅持、自信等，這些在以後的成長中是十分可貴的。

身為父母，在孩子的事物敏感期中，也要有一雙善於發現問題的眼睛，你要留心孩子的興趣，在教育學中常遵循「不憤不啟，不悱不發」的原則，當孩子產生疑問時，你便可

以在旁進行引導了。我們做小實驗的目的是提高孩子的動手能力且讓孩子在實踐中解決心中的疑惑，有些父母常常為了實驗而實驗，或者他們覺得孩子要學習了，於是安排了小實驗，這些做法都是錯誤的。

一天，鄰居家的小朋友來我家玩，我將客廳讓給了他們，自己到書房讀書。大約過了半小時，我兒子突然大哭起來，我以為小朋友發生了矛盾，便沒有馬上出去，但是聽著兒子並沒有停止的樣子，便出去看。

我剛進客廳，就發現兒子抱著他的一小碗紫薯粥大哭，鄰居家的小朋友一臉無辜地站在旁邊有些不知所措，見我出來，他竟然也大哭起來。

「怎麼回事？你們為什麼哭呀？」

兒子見我問，抽噎地回答說：「媽媽，哥哥給我下毒，我沒看到就喝了。」

鄰居家的小朋友趕緊解釋說：「沒有，阿姨，我就是給他倒了水。」我哄好他們兩個人，聽他們解釋了好一陣子才明白。我兒子特別愛喝紫薯粥，所以冰箱中會常備一些。今天鄰居家的小朋友來玩，他便準備拿粥待客。兩人端起粥喝了幾口後感覺有些涼，鄰居小朋友便提議往粥裡加一些熱水，於是他們便往粥裡加了水，加水後兒子喝了幾口，結果一看粥由紫色變成了青色。在他的印象中，所有青黑色都是有毒的，他便以為自己喝了有毒的粥才大哭起來。

了解原因後，我將他安慰一番，然後對他們說：「紫薯粥很活潑，它和變色龍一樣會變色，我們要不要試一試？」

兩個人的興致瞬間高漲起來了，於是我準備好紫薯粥、鹼水和白醋，讓他們動手做了一個酸鹼變色實驗。兩個小朋友很認真地完成了實驗，當看到顏色變化時他們興奮大叫，最後兩人還總結出來很多變色規律。

生活是多姿多彩的。孩子對這個世界有太多的不了解，而很多時候我們總是將知識強加給孩子，剝奪了孩子探索能力的展現機會。也許很多父母還存在疑問，趣味小實驗有沒有什麼固定模式，是不是需要很複雜的準備呢？

答案當然是否定的。

這些小實驗不一定是一些專業性質的物理、化學等實驗，大家可以就地取材，在孩子有疑問時讓他們親自動手實踐。久而久之，他們便明白，當有疑問時理論與實踐相結合才是最好的解決辦法。而且父母用心準備，孩子會從中感受到溫暖，也會感受到父母的良苦用心，增近親子關係。

比如，當孩子問你風是怎樣形成的，你將如何回答呢？我們便可以用實驗來證明，你可以準備小紙條讓孩子吹起來形成風，也可以什麼都不準備，將問題交給孩子，讓孩子製造風。無論哪一種方式，孩子都會得到鍛鍊，動手能力都會得到相應的提高。

現在市面上也有很多 DIY 遊戲盒，如電磁類、科學類等。父母可以按照孩子的年齡來選購，但是需要提醒的是，我們做趣味小實驗的目的要明確，不要讓一些遊戲迷惑了孩子，或者讓孩子感受到挫敗感。對於事物敏感期的孩子來說，挫敗感是不可踩的雷區，而這些挫敗感往往都是父母對孩子的過高要求帶來的。

這個時期形成的「動手習慣」，會成為孩子將來獲取知識、展現自我的有力武器。因此現階段父母一定要特地去幫助孩子實踐，但一定不要替孩子實踐。請記住一句話：優秀的父母是在站旁邊胸有成竹的助威者，而不是指揮官。

第十章
閱讀體驗敏感期：陪孩子愛上書籍與文字世界

高爾基說：「書籍是人類進步的階梯。」閱讀可以幫助孩子擁有更多的知識，開闊視野，陶冶心靈。但是你知道嗎？一個孩子的閱讀習慣在幼兒時期就需要培養了，孩子未來對書本的熱愛程度源於這個不會太顯眼的閱讀體驗敏感期。

讀什麼，怎麼讀，這些你都知道嗎？

「書籍是人類進步的階梯。」你聽到這句話可能很熟悉，而在電子產品橫空出世的今天，你覺得書籍還應該成為孩子增長見識的載體嗎？如果你的答案是肯定的，那麼你會選擇什麼書推薦給孩子，又會如何引導孩子閱讀呢？這可能是許多父母的疑問吧？其實，良好的閱讀習慣是從幼兒時期就需要養成的。

幼兒的閱讀體驗敏感期在 4 到 5 歲半之間，儘管有些許個體差異，可當你發現孩子最近愛翻書了，雖然還不識字但看著書中的圖片總會講上那麼一兩句；對放書的地方比較感興趣，且看到哪個圖片也會認真地看一下子；喜歡聽你講故事了，而且還喜歡上了編故事……這些都證明孩子可能進入閱讀敏感期了。

此時，你便可以用書籍來滿足孩子的閱讀體驗了。其實，很多父母的閱讀意識還是不錯的，為了讓孩子喜歡上閱讀，在孩子很小的時候就買了各式各樣的繪本、故事、卡片等來培養，而且有些父母這種培養方式也的確取得了成效。但是還有一部分父母也因此陷入了困惑，孩子滿週歲就買了卡片、書籍，但是看上去他並不喜歡讀，甚至還會用這些來做玩具，撕、咬等，於是便下了判斷：孩子不喜歡閱讀。

是孩子不喜歡讀書嗎？是你沒有選擇在合適的時機把閱讀帶給孩子呀！

大部分孩子真正的閱讀敏感期是在 4 歲以後，所以孩子 4 歲後，父母引領孩子去閱讀才是最佳時機。此時，父母便可以選擇一些繪本類圖書來引導孩子，並不建議父母拿著識字卡片去引導閱讀，因為識字、注音等書籍所傳遞的訊息是知識，而此時我們需要傳遞給孩子的訊號是興趣。

「繪本」這個詞是一個外來語，其實繪本就是圖畫書，版面以圖畫為主，然後加入少量的文字，非常適合幼兒來閱讀。且繪本主題內容種類也很多，父母可以從眾多種類中找到孩子的閱讀興趣點，從而發掘孩子喜歡的閱讀種類。

第一類，經典故事類。此種類的繪本在市面上有很多，大多是以經典的童話、神話、名人事蹟等古今中外的故事為主題，配上精美的圖畫，可以讓孩子提前接觸這些源遠流長的故事。

第二類，成長題材類。此種類的繪本大多以安全、情緒、性格等養成教育為主題思想，選擇一些與之相對應的故事，讓孩子在故事中得到啟發。而且這些主題的繪本也是很多父母的優先選擇，因為此類書籍不僅可以培養孩子的閱讀習慣，更能透過閱讀使孩子成長。

第三類，科普知識類。此類繪本以動物、植物、科學等知識為主要內容，讓孩子了解更多的知識，是幼兒獲取知識類的書籍，雖然有些父母覺得此類書籍並無特色，但是卻深受幼兒的喜歡，因為書中有太多新奇的知識，這類書籍可以讓幼兒體驗到閱讀的滿足感。

除此之外，繪本還有很多主題就不再一一列舉了。最重要的是，在幼兒的閱讀敏感期選擇書籍一定要以幼兒為主，先滿足興趣，再說培養興趣。

滿足興趣指的是讓幼兒在自己感興趣的基礎上去閱讀，不要將父母的意願強加給孩子。也就是說，不要你覺得什麼書好就將什麼書給孩子，而是要看他想看什麼樣的書再去按他的興趣選擇書籍。當孩子對閱讀有了足夠的興趣之後，再去培養興趣。就是將你希望他閱讀的書推薦給他，此時他出於對閱讀感興趣對你推薦的書籍也會產生興趣。

帶著孩子去閱讀並不難，重要的是怎樣讀。根據實踐累積的經驗，可以告訴大家，真正的閱讀不只是「看」，更重要的是「表達」。確切地說，我們讀書的目的是什麼？學以致用。

所以，在幼兒閱讀敏感期時就要讓幼兒形成一個良好的閱讀習慣。最初父母可以陪孩子看圖並將故事講給孩子聽，需要注意的是「講」，也就是說，父母在讀繪本給孩子聽時不要只讀繪本中穿插的少量文字，而是要像「看圖說話」一樣將故事講給孩子聽。之後，父母便可以放手讓孩子講故事，父母變為聆聽者。

近日一位朋友問我：「一年級的看圖說話的題目怎麼這麼難，我家孩子都看不懂。」

我便問：「你之前沒有讓他讀過繪本嗎？」

朋友說：「讀過呀，我家有很多呢，他小時候我經常唸給他聽。」

我說：「看圖說話的表達能力是在幼兒閱讀敏感期時就逐漸形成的。因為在他閱讀敏感期時你並沒有給他太多的表達機會，所以他現在缺少表達的自信心，便會對看圖說話產生抵抗心理。你現在應該重視孩子的閱讀了呀。」

朋友家的孩子平日說話並沒有問題，表達也很清楚，就是落於紙上便開始犯難，其實這些都是在閱讀敏感期缺乏表達體驗造成的。所以，聽、讀、講要合三為一，才可以全面地在閱讀敏感期時形成良好的閱讀習慣，從而愛上閱讀。

讀物，不應該超越孩子的認知限度

揠苗助長的故事已經家喻戶曉了，可是現在很多父母還在無形之中對孩子做著揠苗助長的事情。隨著資訊技術的發展，很多父母看到了太多「天才」兒童的報導之後，就開始依此對自己的孩子進行培養，當聽到有人說「現在的孩子越來越聰明」，便會更加堅定自己的想法，對孩子進行超負荷的知識灌輸，希望孩子更加優秀。

讀書更是如此。我見過很多父母常常會不顧書上的推薦年齡，一味地讓孩子「超前」讀。這種心情可以理解，但可能會事與願違，培養孩子的正確方法並不是揠苗助長，而是抓住孩子的認知發展規律，不錯過激發機會，閱讀更是如此。

孩子的認知水準是有規律可循的，且不可逆轉，在合適的時機給予合適的培養才是最好的育兒之道。

一般而言，2 歲以下的孩子主要是靠感覺和動作來探索這個世界，此時的書籍對他們來說是以「物」的形態意識存在的，所以此時的書籍對於孩子來說更像是玩具。因此他們愛撕紙、咬紙，那都是他們對物的探索表現。

市面上有一些 2 歲以下的讀物，大多是以圖片為主，父母可以買來與孩子一起閱讀，圖片中的景物會在孩子的頭腦中形成影像，以後再次見到時他們也會很準確地找到對應的影像，從而正確地說出名字。而且，現在 2 歲以下的讀物設計得也很合理，比如圓角設計、紙張塑封加厚等，還有一些「布書」，既可以滿足孩子的觸感需求，又可以讓孩子從中獲得知識。

2 到 7 歲的孩子進入了第二個認知階段。此時也正處於學前階段，而閱讀敏感期也恰好包含在這個階段之內，此時父母選擇讀物就要更加慎重了。

2 到 4 歲的兒童思維已經具有概念性，此時他們可以將語言符號對應到具體的物體上，也漸漸具有了依賴表象的思維能力。在此階段，父母可以多拿一些簡單的繪本給他們看。繪本中精彩的圖片會引起他們極大的興趣，且繪本故事中人物的動作、性格等也會在他們心中留下印象，甚至會引起他們特意的模仿。

從 4 歲開始，隨著閱讀敏感期的到來，父母一定要注意培養孩子的興趣。如果在這之前已經讀了一些簡單的繪本，那此時可以讀一些相對複雜的繪本、畫報了；如果之前並未閱讀，那現在父母也應該開始準備繪本給孩子閱讀了。

除了繪本之外，此階段也可以選擇一些「遊戲書」來豐富孩子的閱讀種類，如思維能力訓練類、立體書等。父母需要明白，此階段閱讀的主要目的是培養興趣和習慣，千萬不要總以「量」為目的，甚至購買文字量大、知識結構複雜的超出孩子認知範圍的讀物，這些讀物會讓孩子們更困惑、更混亂，帶來挫敗和無力感，甚至讓孩子產生牴觸心理，這樣就違背我們閱讀的宗旨了。

7 歲以後，孩子的思維就開始由具體運算能力向形式運算能力發展了，一般 12 歲左右，孩子的思維能力就與成人很接近了。此時，父母可以逐漸提高閱讀量來培養孩子的閱讀能力了。

有人曾經諮詢過我關於名著閱讀的問題，我的回答是：「在合適的時期選擇合適的名著讀本。」讀名著自然是正確的，但是在不同的認知能力下，父母也要選擇名著的不同版本來推薦。比如在閱讀敏感期時可以接觸名著的繪本版，在小學階段可以閱讀名著的白話文版、簡述版，而到了中學階段，有了一定的知識儲備量後就可以試著閱讀原版了。

孩子的認知能力是有限的，父母想讓孩子更加優秀，就要適時而作。比如，孩子的認知限度就像孩子的小手，父母哪怕抱來一整袋的米，孩子的小手一次抓起來的也就是那麼一小把。如果父母總覺得孩子一次抓起的少，甚至拿著他的小手去抓，不僅孩子的抓米興趣沒了，父母的心情也會更加急躁。此時，孩子因抓不起更多的米而傷心難過，再加上父母的表現會直接影響到孩子，孩子心中便會產生自我否定，這種心理影響是不可逆轉的，會陪伴孩子一生。

一次讀書會上，我發現一個男孩的表現很奇怪，整個會場，有人在閱覽區讀書，有人在討論區辯論……只有他，一個人默默地抱著一本書，低著頭窩在牆角。我走上前說：「你喜歡的話就去座位上讀吧，那裡比較舒服。」

他看了我一眼，輕輕微笑回答說：「不了，謝謝，這樣更舒服。」

「好吧。」我想人們的閱讀方式很多，可能他就喜歡這樣讀書吧，便沒打算繼續勸，準備回到會場中。但是，他卻突然站了起來，說：「請等等。」

「我想問您一個問題，」他不好意思地說，「您覺得我可以讀這種書嗎？」

他的指縫中透出了書的名字，是一本哲學類的書籍，我點點頭說：「你喜歡那就可以讀呀。」

「我，我學歷不高，我媽媽說我很笨，我怕讀不懂，但我又很喜歡。」

「喜歡就去讀呀，讀不懂可以找朋友一起討論。」我以為他只是請教讀書方法，便給了這個建議。

「不是。」男孩說，「剛剛我聽到您講的心理課程，我覺得我可能有些問題，小時候媽媽對我要求很嚴格，我從來沒有聽到過一句表揚，我總覺得自己很笨，其實我現在正在讀研究所，這種書我是可以看懂的，但是我的潛意識總是在告訴我自己讀不懂，我很矛盾。」

聽後，我明白了，又是一個過度要求導致孩子心理產生偏差的例子。其實孩子的性格是透過環境及與人接觸塑造的。最近常聽到一句話：「玩的時候母慈子孝，一寫作業就雞飛狗跳。」原因是什麼呢？這也是父母站在成年人的思維角度來思考而引發的。

讀書也是如此。不要總以自己的角度認為孩子應該可以，要站在孩子的角度根據其認知能力去協助孩子變得更優秀。請記得一句話：父母對孩子的教育不是拖拽，而是幫扶。

習慣成自然，為孩子制定固定的閱讀時間

習慣是一種規律，閱讀也是這樣。如果在閱讀敏感期幫助孩子養成閱讀習慣的話，是可以影響孩子一生的。制定固定的閱讀時間便是養成閱讀習慣的第一步，而制定固定的閱讀時間是需要父母幫助孩子來完成的。

在養育孩子時父母不難發現，幼兒雖然看不懂時間，但他們卻極容易形成一種行為規律。這種規律如同人類天亮自然醒一樣，是不需要用時間的概念來約束的。比如嬰兒時期，如果母親在晚上固定的時間醒來餵奶，用不了幾天，嬰兒就會在此時間醒來要奶喝。哪怕等孩子斷奶之後，也會在這個時間醒來。再比如我們每天都在做的行為——一日三餐，我們每天都會有規律地吃一日三餐，但是真的是到下一餐時就已經飢餓難耐了嗎？當然不是，人們早已形成了一種習慣。

提到閱讀時間養成閱讀習慣的問題，記得一位朋友曾得意地說過，孩子自出生後，她便開始每天晚上講睡前故事給孩子聽，現在孩子都要聽完睡前故事才會安心睡覺，睡前故事已經成為孩子的一個習慣。雖然看到她的得意我不想打斷，但是我還是「狠心」地給她澄清了一個事實：睡前故事並

不等同於閱讀。

嚴格來說，睡前故事更有利於培養親子感情，它是一種親子相處方式，可以使親子關係變得融洽，幫孩子營造一個安全、舒適的睡眠環境。但是，現在很多父母陷入了謬誤，以為每天讀一讀睡前故事就會使孩子愛上閱讀。其實，此時孩子對故事的興趣只是出於好奇，也許會出於好奇讀一讀故事，但他更享受的應該是父母的陪伴閱讀。

同樣的道理，親子閱讀中的「我讀你聽」增強的也只是親子關係，孩子到了親子時間會拿著書讓父母講故事。如果父母拒絕的話，哪怕他能夠讀得懂的繪本，他也不會讀，因為他的真正目的是享受親子互動，而不是閱讀本身。

當然，閱讀敏感期的孩子可以從親子閱讀開始，但是要建立將親子閱讀與獨立閱讀結合起來的模式，逐步減少親子閱讀占用的時間，讓孩子真正地愛上閱讀，養成閱讀習慣。在我的建議之下，朋友已經不再依賴於睡前故事，她的孩子今年已經上一年級，識字量也大大增加，她買了一些帶注音的文字量較大的繪本，在上午與下午各安排了一個時間帶孩子讀書。

最初，孩子雖然對繪本上的圖很感興趣，但他還是纏著媽媽講故事，於是朋友選擇上午讀繪本給孩子聽，下午孩子讀繪本給媽媽聽的遊戲。在遊戲的動力下，她家孩子每天最喜歡做的事就是讀書，上午聽完媽媽講，雖然閱讀時間已經結束了，但他還是會自己再看上一陣子，有時自言自語地演練下午怎樣把故事講給媽媽，到了下午，他也會提前跑到小桌子前，等媽媽來聽他講故事。

這樣的設計對於閱讀敏感期的孩子來說很實用，不僅讓孩子體會到了親子間的互動，又培養了孩子自主閱讀與表達的能力，是一舉兩得的好方法。且上下午的時間一定要固定，無論幾點，重要的是一定要將此時間固定下來，最忌諱今天 8 點，明天 9 點這種，要明白，等待會消磨一個人的熱情，孩子本來熱情滿滿地等待閱讀，你卻將時間打亂，他們心中的排序也會被打亂，這對性格養成也是不利的。

我深知閱讀會對一個孩子有多大的影響，所以我在孩子上幼兒園之後，就制定了閱讀時間表，當時他只有 2 歲半，我每天堅持按表中固定的時間給他讀書，聽他讀書。就這樣一直堅持著，哪怕我有時忘記時間，他也會提醒我到閱讀時間了。

現在，我的主要角色是「陪讀」，他可以「斷斷續續」地靠注音閱讀了，且從中體會到了成就感。而我每天就拿一本我喜歡的書，在旁邊陪著他。

他遇到閱讀障礙時會對我說：「不好意思媽媽，打斷一下，我可以問您一下這個詞是什麼意思嗎？」

偶爾我可能因為工作忘記了時間，等想起來再看他時，他已經坐在書桌前開始讀書了。看到我默默地進來，他假意生氣地說：「媽媽，你是忘掉了最重要的事吧？」我聽後覺得十分尷尬，但是也很欣慰，原來閱讀已經成為他最重要的事情了。

有多少孩子天生就具有超凡的能力呢？但在後天成長過程中身為父母可以幫助孩子形成超凡的能力。閱讀對孩子來說是可以影響一生的事，千萬不要只為了一時清閒讓手機、電腦、電視來幫著「看」孩子。每天拿出少量的時間陪孩子閱讀，讓閱讀成為一種習慣，你會發現孩子的成長會帶給你驚喜。

別以大人的想法，規定孩子的閱讀種類

最近我們經常聽到「有一種冷叫你媽媽覺得冷，有一種熱叫你媽媽覺得熱」，可見父母在孩子生活中的參與度有多高，特別是涉及孩子的教育問題，父母的參與熱情就會更加高漲。其實，參與是對的，親子的親密度高的孩子心理承受力及自信心會更強。只不過父母需要注意的是，不要將自己的觀點強加到孩子身上，特別是不要以自己的想法去捆綁孩子。

在閱讀敏感期的孩子對閱讀是渴求的，且他們並不會如同大人想像中那樣讀「有益」的書，或者「專家推薦」的書。各種讀物對他們來說都是新鮮的，越是沒有讀過的書，新鮮感就越大，吸引力也越大。

記得有一次與孩子在書店選書，我家孩子推著購物車，東奔西跑地翻選著，因為今天給他規定了購書的數量，所以他要反覆篩選，找到最喜歡的書放在車籃中。我坐在一旁，打算隨手翻幾本，突然被幾句爭吵聲吸引了：

一個小女孩皺著眉頭對著身邊一個同樣皺著眉頭的女子說：「媽媽！我為什麼不能讀這本故事書？」

「孩子，老師推薦的不是那本，老師說你們現在要讀與課本配套的課外閱讀類的書。」女子也算是有耐心，雖然看出

已經生氣了，但還盡量保持著鎮定。

「不！老師推薦的書沒有意思，我就想讀神話故事。」小女孩堅持抱著書。

「放下，好孩子！」女子打算從女孩手中搶走書。

「不要！」女孩更加堅定了，甚至開始威脅媽媽，「你再搶我就撕了，看你買不買！」

最終女子妥協了，買下了書，但還是忿忿不平地說著：「這種書有什麼用！有什麼用！」

我看著她們走出了店門，再看看兒子還在興奮地挑選著，陷入了沉思。

我們是不是給孩子的框架太多了呢？在閱讀興趣這麼大的情況下，不是應該多鼓勵閱讀嗎？為什麼要限制閱讀種類呢？

仔細想過後，我也大概明白了。隨著年齡的增長，學習壓力的增大，越來越多的人開始注重語文，注重閱讀，於是便出現了一批又一批所謂更加貼合學習要求的書籍。對於成年人來說，孩子閱讀是為了累積，提高語文成績等，自然會挑選專家、老師推薦的書籍；而對於孩子來說，閱讀是一種樂趣，他們喜歡涉獵更多未知的領域，以滿足求知欲。於是，父母與孩子的選擇便會出現矛盾，大人總想以高姿態讓孩子服從自己的想法，但孩子感受到的只有壓力。

其實，孩子在閱讀敏感期讀書的種類越多，越容易找到最喜歡的閱讀點。此時父母為孩子推薦書要盡量全面：故事類、科學類、學科知識、思維訓練等越全越好，孩子閱讀的種類越是全面，孩子的各項能力提高得也就越快，畢竟這個時代需要的既不是單一型人才，也不是書呆子。

雖然家長不可以把自己的想法強加給孩子，限制閱讀種類，但是「好書推薦官」的責任也是可以盡到的。父母可以用合理的方法將自己覺得比較好的書單推薦給孩子：比如在孩子閱讀時，你可以拿起需要推薦的書，讀一陣子，然後故作讚嘆：「呀，這本書怎麼這麼好看？」也可以故意問：「你讀完這本書啦，真的那麼好看，講給我聽聽看！」如果正在書店購書，也可以說：「那天你們老師推薦了這本書，也不知道好不好看。」

總之，想要推薦不要硬給，可以用一些話語引起孩子的好奇心，你會發現，這種間接提示性語言比命令式話語更加有效。

當然，你也可以不說話，可以將推薦的書放在孩子隨時可見、隨手可拿的地方，通俗來說「混個臉熟」，當你不強推、不命令時，他們也許就會隨手拿起讀一讀了。此時，有些父母可能會有疑問：不是說閱讀敏感期培養的是興趣嗎？這種行為不也存在目的性嗎？

其實，我們仔細思考就會明白，讀書興趣的培養不也是為了讓孩子能主動讀更多的書嗎？我曾經也覺得把閱讀當成興趣就好，但是過了一段時間後就會發現，太隨意地對待閱讀，其實也是在消磨孩子的閱讀興趣及能力。

閱讀種類我們可以尊重孩子的選擇，將更多的種類當作興趣去閱讀，可以擴大孩子的視野與胸懷。但推薦類的書籍還是一樣要讀的，因為那些書提高的是孩子的閱讀能力、表達能力等，是可以直接增加孩子知識累積量的。

在培養閱讀力的同時，別忘了強化孩子的記憶力

圖書對閱讀敏感期的孩子吸引力極強，父母在這時期也會極力引導孩子的閱讀興趣，但是有些父母可能會發現，同樣的閱讀量，同樣的閱讀力，但不同的孩子「接受量」也不同。

原因是什麼呢？其實很大一部分原因是閱讀品質的問題，也就是說，父母在關注孩子閱讀興趣，培養閱讀量的同時，不要忘記強化孩子的記憶力。

托爾斯泰曾經說過：「我每天做兩種操，一是早操，一是記憶力操，每天早上背書和外語單字，以檢查和培養自己的記憶力。」試想一下，華人傳統教育之中讀書最重要的一個步驟就是背誦，老先生有節奏地反覆讀，學生有節奏地反覆背，古人的教學就是透過這種傳遞方式將文化的精髓刻入骨子中的。

對於孩子來說，讀書成為興趣之後，鍛鍊記憶力就是十分必要的事情了。此處的記憶力訓練並不是局限於背誦中，閱讀之後的表達更為重要。簡單來說，背誦是初級的記憶力訓練，而表達才是高級的記憶力訓練。

近年來，很多基礎教育類的學校將經典背誦列入了選學

或者校本課程，在學習力極強的小學階段，背誦並不會成為負擔，因為此時學生的記憶力，特別是機械記憶力是最好的，反覆誦讀之後學生就會很快記住，而且此時累積的內容會深入記憶，並直接影響到日後的學習生活。這就是老人常說的：

「小時候學的東西，一輩子都忘不掉。」

現代科學技術發達了，很多資料可能上網一搜就直接出來了。但對於古人來說，所有知識的獲得都要依靠背誦，而背誦的方法就是「復現」。焚書坑儒之後，經典之所以被流傳下來，就是依賴於倖免一死的老先生的記憶力，將經典口口相傳下來。包括我們現在讀的古代書籍中的不同版本，也是因為口口相傳的偏差。但是，沒有這些口口相傳，我們現在便無法看到那些經典之作。當然，「復現」式的背誦是鍛鍊記憶力的方法之一，也是提高閱讀品質的最簡單的操作手法。

我有一個學生，會考以全校第一的成績升入明星高中，學測以前十的成績考入國立大學。這個孩子在幼兒園時父母便為他準備了幼兒啟蒙類的經典之作，所以在小學之前，他已經將《三字經》、〈千字文〉及《聲律啟蒙》背得滾瓜爛熟了。

上小學後，他又讀了很多著作，一般孩子在中學才會閱讀的原版名著，他在小學六年級時就已經接觸了。在他媽媽的網路社群中，我曾看到過他讀書的場景。在他的書桌上，觸手可及的地方擺著幾本工具書——《漢語字典》、《說文解字》和《英漢詞典》等。他端坐在書桌前，左側是他平時閱讀的書，右側還有一個筆記本。最重要的是，無論哪張照片中他都是拿著筆在讀書，這個細節深深地吸引了我。

我好奇地問他的媽媽，她說：「他喜歡將書中有趣的文字謄寫下來，然後在睡覺之前背一下。」這樣就不難解釋他出口成章的原因了。

一次，我跟朋友在聊《詩經》，朋友隨口說：「真羨慕古人的隨性，當不知道怎麼表達心情時便手之舞之，足之蹈之。」他突然對那位朋友說：「不是不知道怎麼表達，是表達已經達不到詩的情懷了，於是才會手腳並用地抒發。原文是，詩者，志之所之也。在心為志，發言為詩，情動於中而形於言。言之不足，故嗟嘆之。嗟嘆之不足，故詠歌之。詠歌之不足，不知手之舞之，足之蹈之也。」

我倆都驚呆了，那年他才十歲。

其實，說到書要背誦的問題，還是有相當一部分人持反對態度的，特別是近代受杜威教育思想的影響，總覺得知識需要實用，只要會用就行，不用背誦。但仔細想想，知識需要後期會用，那還是以最初的記憶為前提的。背誦是將外部知識轉為內部記憶的一個必要步驟，人類最原始的教育方法就是背誦，特別是中國古代經典作品的背誦，將文字轉變為音韻後有節奏地背書，這便是強化記憶力最好的方法之一。

因此，父母在孩子的閱讀敏感期就需要幫助孩子形成一個良好的閱讀習慣。閱讀習慣一旦形成，就會成為一種自覺動作，閱讀品質自然也就提高了。培養閱讀習慣的方法有很多種。

第一種，分蛋糕法。成本成章的大段文字背誦起來的確是個問題，此時您便可以擷取小段，分小目標去做。我家孩子小的時候，常常會因為大段背誦而變得很急躁，我便給他做了一個小實驗：

我買了一個十寸大的蛋糕，對他說：「來，把它都吃掉！」

兒子皺著眉頭看著我說：「不行，我怎麼能都吃掉，會撐死的。」

於是，我把蛋糕切成了十小塊，說：「你吃一塊好不好？」

「當然！」兒子拿起一塊高興地吃起來。吃完後，他又問我：「媽媽，我可以再吃一塊嗎？」於是我又給了他一塊。

之後，我把剩餘的蛋糕放入冰箱中。對他說：「孩子，《三字經》是不是很難背？那我們也像切蛋糕一樣把它分成小塊吧，你如果吃掉一小塊後，還想吃，可以再吃一塊，怎麼樣？」

這個方法讓他在沒有負擔與壓力的情況下背完了《三字經》。

第二種，遊戲法。幼兒最喜歡的活動就是玩遊戲，也可以說遊戲是幼兒在特定時期成長及獲取知識的重要途徑。所以，父母可以替孩子準備一些遊戲與閱讀相結合的遊戲，比如「快問快答」、「累積展示」、「小小主持人」等，讓孩子在遊戲中將閱讀的書籍「復現」，鍛鍊孩子的記憶力。

當然，除了以上方法外，父母還可以根據孩子的特點設計更多的方法，閱讀力中，讀只是一部分，讀之後的用才是關鍵，而讀、用轉接的法寶就是記憶。

第十一章
文化學習敏感期：
為孩子未來好成績奠定基礎

學習是需要人一生去做的事。其實決定孩子成績的關鍵時期並非步入學校之後，而是他的幼兒時期。利用好孩子的文化學習敏感期，讓孩子擁有學習的好習慣，會使孩子未來的學習生涯更加輕鬆。

答案不重要，重要的是過程與方法

你有沒有發現最近孩子問題特別多？而且在他們的世界中一切都是充滿疑問的，有些父母常常會被這一連串的問題問得崩潰，有的父母甚至直接拒絕回答。其實，這些行為說明孩子已經進入了文化學習敏感期。孩子 3 歲時，學習力就會展現出來，他們已經不滿足於單純的自我感知與探索，開始懂得向外界尋找幫助，找到問題的答案，此後孩子的學習能力也逐漸增強了。所以父母要抓住這一敏感期，引導孩子運用正確的方法去學習。

什麼是正確的學習方法呢？簡單來說，就是父母在孩子文化學習敏感期提問「為什麼」時，需要給出的不是答案，而是得到答案的過程與方法。

文化學習敏感期的孩子很渴望獲得知識，往往一個問題會連續問好幾次。因為當父母告訴他們答案的時候，他們是似懂非懂的，多次問是為了將問題弄得更明白些，而對於這一時期的孩子，有些父母的處理態度是錯誤的。

有一些父母認為，兒童的追問就是「沒長記性」、「囉唆」、「黏人」等，於是就對孩子表現出了不耐煩的情緒，殊不知這種情緒極有可能使孩子對學習產生牴觸，也有可能導致孩子的性格發展有些偏差，甚至自我否定。

還有些父母習慣用「欺騙」的手段應付孩子的問題。如孩子提出自己是怎麼來的時，以前老一輩父母常回答：「垃圾桶裡撿來的。」雖然一句話可以使孩子不再問下去，但這個答案可能會在很長的一段時間內停留在孩子心中，使其無法釋懷。

再如，我親耳聽到一段這樣的對話。

孩子問：「天上的星星為什麼一閃一閃的？」

爸爸愣了一下回答：「可能是電壓不穩吧，你看咱家燈電壓不穩時也會閃。」

媽媽在一旁皺了一下眉毛，斥責孩子爸爸說：「你可以說不知道，為什麼要編一個理由呢？」然後對孩子說：「爸爸說得不對，但媽媽並不知道為什麼。這樣吧，我們上網查一下，看看是什麼原因可以嗎？」

孩子點點頭，湊近媽媽等待搜尋結果。其實，很多時候處於此敏感期的孩子提出的問題是五花八門的，涉獵也極廣，我們可能真的回答不出來，但千萬不要編一個答案去應付孩子。長久下去，當孩子知道正確答案之後就會對父母產生不信任，更嚴重的是他可能會在以後的生活中產生不信任任何人的性格，也會學會欺騙。

對待孩子的問題，父母最正確的解決辦法就是與孩子一起去解答。如上面故事中的媽媽，她的做法無形之中就教會了孩子解決問題的一個方法 —— 上網搜尋。這樣可能孩子將來再遇到問題就會懂得運用這個方法來尋找答案。而且，孩子處於這一時期時，父母要盡可能地建立一個良好的學習環境，教會孩子運用自己的知識和方法，獨立尋找答案。

1990 年代，我學畫畫的時候遇到過一位老師，他可以算我的啟蒙老師，但如今想來他是一位失敗的師者。我跟他學畫一年，會臨摹卻無法自主作畫。因為他教我畫的每一幅畫都是用複製臺做的白描，然後用他調好的色彩進行填充。所以，我那一年雖然畫了很多看上去優秀的作品，卻無法獨立完成一幅畫。

後來，我遇到了我的恩師，她是一位極擅長引導的老師。從她那裡我懂得了點與線、布局、色彩原理等，而我每一次新知識的學習都是在自我探索和修正中獨立完成的。

一次，我需要完成一幅葡萄的作品，但那個漸層的紫色總是突兀，在調了兩三次後，我便想請她幫我調，她看了看我的調色盤，說：「嗯，很好，你懂得紅和藍的結合，但是中國畫中的水也是一種色彩哦，你是不是可以試試？」

經過她的提醒，我又繼續調，終於調出了滿意的色彩。

其實，孩子的認知是需要一個過程的，而且他們的探索能力也是極強的，父母與其直接給他們一個答案，不如給他們一個探索的機會。因為這種尋找答案的過程，不僅會指向問題的答案，而且過程中的經驗和方法更是他們一生的財富。

孩子學習探索的過程就是了解世界奧妙的過程，是滿足好奇心和求知欲的過程，是發掘自身潛能的過程，更是超越自我的過程。同時這個過程也是父母一路陪伴，幫孩子創造環境，讓孩子體會到學習樂趣的過程。

家有好動娃，如何讓孩子在書桌前耐心坐下

活潑好動是孩子的天性。除人類外，小動物在幼年時期也是活潑好動的。當孩子漸漸長大，進入文化學習敏感期後，孩子會對知識開始感興趣，此時大部分孩子會保持一定時間的注意力，安靜地坐下來讀書學習，且專注時間也會逐漸增加。但是，還有一小部分孩子並不能如父母所願安靜下來，他們雖然並非過動症，卻也是手腳不停。此時，父母需要完成的第一個任務，就是讓孩子能安靜地坐在書桌前。

這個時候有些父母可能會產生疑問，好動不是說明孩子活動力強嗎？就連冰心都曾經說：「淘氣的男孩是好的，淘氣的女孩是巧的。」其實，這裡的好動與淘氣指的是孩子動時能動，靜時能靜。好動的孩子最大的問題是注意力與意志力的問題，也就是說，孩子天生多動，但有些孩子能憑意志力讓自己注意力集中起來；還有一些孩子是無法完成自我克制的，讓行動支配了思想。

之前有個學生小時候十分活潑好動，等上小學後，老師便常常在家訪中提醒家長要注意孩子注意力的問題。因為他在課堂上總是無法集中注意力，當所有小朋友認真聽課時，他都把書桌弄得吱吱亂響，在書桌與椅子的空隙裡鑽來鑽

去，甚至有時玩得高興了還會直接趴在地上打滾。

父母對於孩子的這些行為沒有引起重視，甚至還覺得有趣，聽到老師多次提醒都沒有糾正，反而跟老師說：「我的孩子學會知識就行。那是天性，你們不能破壞，我們不想讓孩子成為學習的機器。」

現在，這個孩子進了我們班，雖然中學後的他並不如小時候那麼多動，但他的注意力和意志力卻很差。大部分學生都能堅持下來一節 40 分鐘的課，他到一半時就開始打哈欠，左右扭動，雖然能看出他在極力控制自己，但他真的無法控制。而且體育課中一些項目，女生都能堅持下來他卻無法做到，他曾經跟我說：「老師，我真的沒有辦法，現在我要控制自己時，就會心煩意亂，潛意識告訴我不行，我打敗不了它。」

之後，透過和家長溝通，我們採用了一些方法漸漸幫助孩子做訓練，他的父母對此也是後悔不已，後悔在孩子小時候沒有糾正，還以此為樂。

其實，沒有器質性精神病的話，每個孩子到達一定年齡後都可以「安靜」下來的。一般情況下，從 3 歲開始進入學習敏感期之後，孩子的有意注意已經出現了，雖然不太完善，但可以短時間對某一對象專注。如果父母能正確地引導，孩子的注意力可以集中 3 到 5 分鐘。4 歲以後，隨著孩子的成長，語言能力快速發展，如果加入父母良好的教育引導，孩子的注意力可以集中 10 分鐘左右。5 歲後，孩子的注意力迅速發展，專注時間可以達到 15 分鐘，此時完全可以加入一些時間較長的遊戲或者課程，孩子也可以完全適應節奏。

7 歲後，孩子進入小學階段，這也是真正學習階段的開始。此時孩子的注意力也快速發展，在正確引導且條件具備的情況下，正常課堂時間是完全可以保持專注的。雖然此時還很容易受到周邊環境的影響，缺乏穩定性，但保持 20 到 30 分鐘的專注力大部分孩子都可以做到。

了解了孩子各年齡階段的注意力發展特點後，父母便可以有針對性地進行引導了。父母可以參考孩子各年齡階段的注意力集中時間，對孩子進行訓練。

首先是靜坐訓練。此訓練模式最典型的特點是在父母的監督下有條件地靜坐。這種靜坐可以是專注安靜地坐著，也可以是安靜地專注做一件事，此訓練需要父母參考注意力集中時長來制定靜坐時間。比如，一個 5 歲孩子的注意力集中時間為 10 到 15 分鐘，最初訓練時父母可以從短時間起步，如 5 分鐘、8 分鐘、10 分鐘等，最終達到 15 分鐘的高度集中。

我曾經幫一個十分好動的孩子制定過一個方案，再加上父母的高度配合，完全達到了預期效果。孩子今年 6 歲，馬上就要上一年級了，可在幼兒園中就多次被老師告知多動，不僅自己好動，甚至還會影響到其他小朋友。孩子馬上就上一年級了，父母對此很苦惱，於是找我來諮詢。

針對這個小朋友的情況，注意力的訓練是從 10 分鐘開始的。第一週，完成 10 分鐘的靜坐。父母幫助孩子調整好正確坐姿後在一旁監督，監督孩子安靜地坐上 10 分鐘。最初孩子 10 分鐘都無法堅持，父母就多次糾正，一週後，孩子可以完成靜坐。第二週，加入干擾後靜坐，時長仍為 10 分鐘。一般情況下，靜坐只需要孩子強迫自己堅持就可以，是很容易做到的，但加入干擾後，孩子的思緒就會跟隨干擾對象，也就是說孩子可能會在有干擾的情況下忘記靜坐的任務，無意識地動起來。干擾不是環境影響，而是一些正面干涉，如講故事、思維遊戲等。孩子第二週訓練也完成得十分出色。之後兩週時間還依此方法進行時長訓練，一個月後，孩子的注意力有了明顯提升。

其次，在訓練靜坐時，也可以結合一些遊戲加以鞏固。盡量選擇一些孩子感興趣的事情，像拼樂高、搭積木、拼圖等遊戲是需要耐心和堅持的，這種遊戲不僅可以滿足孩子的遊戲欲望，更是無形之中鍛鍊了他們的注意力。當然，還有一些感統訓練遊戲父母也可嘗試，對孩子專注力的培養也是十分有效的。

最後，如果你的孩子十分調皮，無法完成訓練，希望你仍要繼續堅持。

當然也可以結合一些體能消耗類遊戲，孩子的體力消耗後，動作自然會減少，但一定要拿捏好分寸。

除此之外，父母最好帶孩子多走走多看看，滿足他們的好奇心，在事物敏感期就要為孩子創造一個良好的環境，養成探索為先的習慣。孩子一般會對自己感興趣的東西十分專注，此時父母一定不要打斷，因為這種專注比你設計的任何一種訓練方式都更為有效。

死記硬背，孩子太累，效果不佳

之前的章節中涉及記憶的問題，其中最重要的一點就是背誦，但是背誦最有效的方法又是什麼呢？對幼兒時期的孩子而言，方法極為簡單，就是反覆誦讀，可能有些時候他們自己都不知道什麼意思就記住了。但是，隨著孩子逐漸長大，死記硬背就會成為一種低效的方法。這是什麼原因呢？讓我們先來了解下人類記憶力的遺忘曲線吧。

德國心理學家艾賓浩斯曾經提出了遺忘曲線的概念，經反覆實驗觀察證明了人類記憶遺忘是有規律的，遺忘的過程並不均勻，發展也是先快後慢。舉個例子，當我們接收到一個新知識時，訊息輸入大腦經處理形成記憶，同時遺忘也由此開始了。如果我們想記住就要透過「復現」的方法來反覆記憶，當記憶達到高峰、遺忘到達底線後，記憶也就完成了。但是這種像知識點，如果在一段時間後沒有複習，仍會使遺忘的峰值上升，最終被忘記。只有按規律完成設定好的「復現」後，才可以形成永久記憶。

幼兒是以機械記憶為主，伴隨有情緒、形象記憶的特點，他們的遺忘率也是最高的，且無意識的記憶比有意識的記憶要更容易遺忘，記憶的精確度也很低。因此，孩子透過死記硬背學到的知識，可能一段時間後就會忘得一乾二淨。

其實，無論是成人還是孩子，死記硬背只能累到自己，不如找到適合自己的記憶方法，克服遺忘，使記憶更加深刻。

艾賓浩斯還做過這樣的實驗，他讓實驗者記住 12 個無意義的音節，結果需要平均重複 16.5 次才能完成記憶；記住 36 個無意義音節，需重複 54 次；而換一種方式，記憶 6 首詩中的 480 個音節，結果平均只需要重複 8 次就完成了。

這說明了什麼？說明有知識體系的知識更加好記，也就是說我們在大腦中經過加工理解的知識，需要「復現」的次數會更少，且不容易遺忘。比如，大家可以進入回憶，你會發現你可以想起小時候發生的很多事，也可以片段地想起上學時與同學的故事，但是對於一些需要背誦的知識，你並不能像之前那樣系統地背下來。

人對情緒、形象的事物記憶是很深刻的，且不需要復現，那是因為這些都是在大腦中再加工後的記憶，簡單來說就是之前老師經常說的「要理解之後再背」。那麼怎樣幫助孩子在理解的基礎上去背誦呢？就讓我們看以下幾種方法吧。

第一種，心智圖。

心智圖顧名思義指的是將知識點轉化為導向圖加深大腦的理解和記憶。近年來，心智圖的記憶方法被越來越多的人推崇，無數的實踐表明這種方法也是實用的。

記得上學時，讀了幾遍的《紅樓夢》總是弄不清人物關係，後來有同學出了主意，我們將《紅樓夢》中的所有人物關係畫成了圖，關係擺在紙上一目了然，現在想起來關係圖仍是歷歷在目。

其實，心智圖就是將抽象的知識轉化成了形象的記憶符號、圖例，與人類的無意識記憶相契合，將機械的記憶轉化為形象記憶，此方法當然遠遠超過費時費力的死記硬背。

第二種，知識關聯法。

知識關聯是利用已存知識與新知識的相互聯通，達到用舊知識來記新知識的目的。此方法有同類和相反兩種，可以根據不同的知識連結進行切換。同類的如，在已知李白是詩仙的基礎上，連結新知識，杜甫為詩聖，李賀為詩鬼等。相反的如，太陽與月亮在地球上看來都是發光的，但是太陽是自發光，而月亮是反射光。

這種方法可以應用到各種知識點中去。久而久之，人的頭腦中會形成一個較大的知識體系網，隨時可以提取。

第三種，知識講解法。

一些抽象的知識點或者古文是孩子最痛苦的記憶點。此時就需要透過老師、父母的講解之後再去記憶。你也許有疑問，幼兒也需要講解嗎？他們不都是機械記憶嗎？透過講解，他們就能聽得懂嗎？

其實，孩子的理解能力是不容小覷的，用處理好的解釋來替代抽象的知識點，孩子是完全可以理解的。父母在講解這些知識點時也要做到將複雜問題簡單化，將抽象問題具象化。

曾經有人用最通俗形象的語言對孩子們講解物理，孩子們居然也可以聽懂，還被裡面的小實驗深深吸引。

總之，無論你用何種方法，最重要的還是要考慮孩子的接受能力，死記硬背雖然可以達到記憶的效果，但是這種方式要求孩子完成多次的「復現」。這對孩子來說就是一種負擔，不僅孩子累，而且效果也不是很好。

所以，當孩子進入文化學習敏感期後，就要有選擇地去培養孩子的學習能力了，有些孩子因為父母的正確引導，找到捷徑，走得更遠；而有些孩子付出了太多的心血，卻沒有完成自己最初的夢想。希望父母在合適的時候選擇最恰當的方法去引導，抓住孩子的每一個敏感期，啟動孩子的高天賦。

培養時間管理能力，提升孩子的學習效率

孩子上一年級後，很多父母會因孩子的拖延而心煩，無論是吃飯、寫作業，還是上學、出門等，孩子都會給人慢半拍的感覺，哪怕父母再三催促還是照樣拖延。其實，這都是孩子時間管理能力差的表現，而這一能力是需要在孩子幼年時期就開始培養的。當孩子具備時間管理能力之後，便可以安排好自己的學習生活，使時間運用變得更為有效，從而提高學習效率及生活管理能力。

一般情況下，孩子在 1 歲後，父母就應該逐漸引導孩子懂得時間的概念了；2 歲開始就要幫助孩子正確認清時間的概念，從而讓他們學會合理地安排時間。雖然此時他們對時鐘數字並不感興趣，但是父母可以協助孩子固定好自己的作息，最重要的是父母在與孩子進行有關時間的任何互動中，不要表現推脫、延遲或者提前等一些令孩子困惑的行為。

我常常看到有些父母，明明與孩子已經制定好了時間表，卻又臨時更改，或者總是依照自己的時間來打破已經制定好的作息規律。比如，當你 9 點上班時，你要合理安排好孩子的時間。假如平日孩子吃早飯的時間為 15 分鐘，那你就要在 8 點半之前起床，千萬不要卡著點，急匆匆地趕時間，

因為孩子的吃飯時間是規律的，而你因為起晚而反覆地催促，孩子就會陷入急躁的情緒之中，不僅不利於身體消化吸收，久而久之，孩子的性格也會隨之發生改變。

某天我與孩子在樓下玩，聽到一位媽媽對女兒說：「我們再玩 10 分鐘就回家，好不好？」女兒乖巧地點頭答應，媽媽開始在長椅上玩手機。大約過了半個多小時，這位媽媽對女兒說：「10 分鐘到了，我們回家吧。」女兒點點頭，跟著媽媽回了家。

後來，我又在樓下碰到了這對母女，媽媽正在訓斥女兒：「我讓你快點換衣服出門，你怎麼這麼慢？看，現在都快誤點兒了。」

女兒一臉委屈地說：「你不是說有 10 分鐘嗎？」

「是啊，只有 10 分鐘，你為什麼不快點？」

「10 分鐘不是有很長時間嗎？怎麼突然變短了？」女兒不解地問。

「本來時間就短！快點吧你！別問了！」媽媽拽起女兒向社區門口跑去。

望著她們的背影，我有些感嘆。父母總覺得孩子對時間是沒有概念的，於是總以時間限制為藉口來約束孩子的行為。殊不知孩子雖然不知道表的指針，對分秒沒有確切的概念，但是他們心裡有自己判斷時間的方法，他們也會縱向比較。

為了讓孩子對時間做到心中有數，我曾經與孩子做過一個沙漏實驗。我準備了 4 個同樣的沙漏，對兒子說：「下面我們來看一下 1 分鐘、5 分鐘、10 分鐘和 30 分鐘我們都能做些什麼吧。」

對此感興趣的兒子滿口答應，我將 4 個沙漏分別按時間調好，首先翻轉了那個 1 分鐘的沙漏，他便開始拼起了樂高積木。「時間到！」突然聽到我喊停的聲音，他嚇了一跳，因為他剛剛將積木從盒子裡拿出來，還沒擺時間就到了，他滿臉不解，我說：「這就是 1 分鐘，很短的時間。」

之後，用同樣的方法完成了 5 分鐘、10 分鐘和 30 分鐘的任務，結束實驗後，他對我說：「媽媽，時間是走了就沒了嗎？我希望時間能再長一點，我都沒有拼完呢！」

我笑笑對他說：「時間對每個人而言都是匆匆而過的，就看我們是不是把握住了這分分秒秒。」

其實，孩子做事拖沓在相當程度上就是對時間觀念不清晰的原因。孩子進入 3 歲以後，父母要特別注意孩子時間管理的培養。比如，可以幫孩子準備一個計時器，並制定好一張作息時間表及日程表，讓孩子在規定的時間內完成表格中的全部任務。比如吃飯時間為半小時，如果在半小時內還未吃完，就在表中貼一個「哭臉」，如果按時完成了就貼一個「笑臉」，在累積到一定數量的笑臉後可以適當地給孩子一些獎勵。這樣不僅鍛鍊了孩子的時間管理能力，同時也糾正了孩子做事磨蹭的壞習慣。

需要注意的是，孩子在訓練過程中，父母應該採取旁觀和總結性指導的教育方法，不要總是以焦躁的態度來催促，往往越是催促，孩子的動作就會越慢。因為，父母在催促中表現出來的生氣，孩子並不會直接理解成「因為我慢了，所以才生氣」。他們可能會加入自己的判斷，如「我做得不好」、「爸爸媽媽不喜歡我了」、「我是一個壞孩子」等，因此你的催促就會讓孩子不知所措。

當然，培養孩子時間管理能力的方法也可以藉助一些必要手段，即讓孩子充分體會到拖延所帶來的不良後果。比如孩子起床拖延，父母不必催促，任其發展，如果遲到的話，他必然要自己承擔後果。同樣，如果孩子時間管理得當，快速高效地完成任務後，父母給予獎勵，這便是正面引導。

需要注意的是，父母也不要採用施壓的方法來敦促孩子。比如，有些父母常常會跟寫作業拖拖拉拉的孩子說：「你快點寫，半個小時寫不完，我就再給你加 10 道題。」最初可能這種方法管用，但時間久了，孩子就乾脆不再提高速度了，因為作業寫不完加 10 道題，10 道還是寫不完，但最終媽媽是允許孩子去吃飯睡覺的，這樣算來自己不用趕時間，也不用寫那些加題，無非是少玩了一下子而已。

因此，父母在培養孩子的時間管理能力時，一定要注意方法得當，以提高孩子的能力為目的，把時間留給孩子去支配。請相信孩子的能力，他們往往沒有你認為的那麼沒有自制力。

別怕孩子異想天開，鼓勵孩子進行擴散性思考

從古至今，每項新科技的發明必不可缺的就是創意，而創意的基礎就是想像。孩子的世界與成人的世界是不同的，孩子的想像力與成人也是不同的，而父母需要做的就是保護好孩子難得的想像力，不要怕他們異想天開，他們的異想天開是推動時代進步的動力。

牛頓如果沒有對蘋果的思考，人類還不懂得萬有引力；愛迪生如果不異想天開地發明了電燈，人類還處於用火照明的初級階段。每個孩子都有豐富的想像力，只是隨著一些規矩及刻板印象的加入，孩子的思維變得局限起來，而隨著擴散性思考的減少，孩子就會變成一件複製品，丟掉了最可貴的想像力。

有個著名的實驗叫圓圈測試，黑板上畫了一個圓圈，分別請不同年齡層的人來猜測畫者畫了什麼。大學中文系學生看到後，哄堂大笑，他們覺得測試者太過幼稚，並拒絕回答這個問題；中學生中的一位傑出人士生第一個發言，確定地說：「是零。」差生也搶著喊：「是英文字母 O。」全班同學目光投向班導，等待答案。一年級的小學生對這個問題十分感興趣，他們也是異常活躍：「句號」、「月亮」、「燒餅」、「乒乓

球」、「老師生氣時的眼睛」、「我家門上的貓眼」……

這個測試的題目為「人的想像力是怎樣喪失的」。在測試學生之前，也測試了一些成年人，他們看起來很有顧慮，並不能直接正面回答問題。那人的想像力是怎麼喪失的呢？孩子的思想純真無邪，他們想到什麼就會說什麼，而且世界在他們眼中是五彩繽紛的，也許在成年人看來，孩子的回答是錯誤的，或者孩子的想像力顯得有些幼稚，但這些幼稚的思想就是想像力發展的根源。

上午我在整理稿件，兒子拿著空白畫冊和畫筆在我身邊塗鴉，我偷眼看去，似乎在畫《植物大戰殭屍》中的植物們，雖說畫得較為抽象，但還是可以看出個所以然來。令人佩服的是，他竟然安安靜靜地在我身邊畫了一個多小時。

我完成工作後，兒子興奮地說：「媽媽，我把『植物大戰』和『我的世界』結合在一起了！」然後邊展示他的畫作邊給我講他編的故事，我在旁邊也附和著。雖然覺得很荒誕，但還是暗暗佩服他的想像力。

也許是因為我的讚美，他十分得意，下午下樓玩的時候他便帶上了自己的畫作，估計是要展示給他的朋友們看。果不其然，他十分得意地跟朋友講起他畫的「故事」，幾個小朋友時而驚嘆，時而興奮，跟著兒子的故事節奏玩得不亦樂乎。

這時，突然跑來幾個大約是五六年級的大孩子，一把奪過兒子的畫，高高舉起，嘲笑道：「大家快來看呀，他說這是豌豆炮，他還說這是史萊姆踩到了馬鈴薯地雷。兩個遊戲怎麼能合成一個遊戲……」

兒子極力想拿回自己的畫冊，跟著大孩子的手使勁地跳著。我在一旁皺著眉頭，但還是忍住了，我想看看兒子是如何處理這些事情的。只見他停止了跳躍，大聲說：「馬上還給我！」然後一把拉住大孩子的另一隻手臂。大孩子被他的行為嚇了一跳，馬上把畫冊還了回來。兒子拿著畫冊，低著頭站在原地。

我看不下去了，馬上上前安慰，兒子眼含著淚，問我：「媽媽，我畫得不好嗎？」

「我覺得以你現在這個年紀，已經畫得很好了，但大哥哥可能畫得更好，因為他像你這個年紀的時候就開始畫畫了，畫得時間比你長，所以可能畫得更好。」我回答說。

「也許吧，但是，媽媽，我覺得大哥哥說得不對，他的思維太死板了，為什麼兩個遊戲不能畫在一起呢？」兒子原來是在說這事呀，我還沒來得及回答，他就繼續說，「我想，有一天我要設計一款遊戲，讓好多遊戲串在一起，每個遊戲中的人物都能成為好朋友。」

我點點頭。

孩子的世界是成年人猜不透的，大孩子因為受到了更多的思維限制，覺得這種想像並不合理且十分可笑；而小朋友卻覺得十分合理，而且一切都有可能。關於兒子最後的想法，站在成年人的角度可以告訴他：「那也是一種侵權。」但是，這個道理總有一天他會明白，現在又為什麼要打破他的夢呢？

孩子的想像力是成人無法想像的，父母對孩子的這種異想天開不要急於否定和打擊，因為一切創意的基礎不都是這些異想天開嗎？隨著孩子年齡的增長，他們會慢慢了解規矩，不要在孩子可以想像的年齡打碎童年的夢。保護孩子在童年時盡情地發揮想像力，等長大被知識框架限定的時候，他們童年時的靈感也會化為奇妙的創意，而這個創意可能就是他們成功的指南針。

第十二章
叛逆拒學敏感期：
溫和疏導孩子的抗拒與倦學

大家都知道青春期的孩子叛逆，你可知道幼兒時期的孩子也會叛逆嗎？無論是哪個時期的叛逆，最嚴重的就是拒學。本來孩子正處於學習的最佳時期，如果此時有了拒學心理，是很嚴重的。父母此時一定要耐心疏導，用正確的方法疏導。

孩子為什麼拒學？找到原因才能正確疏導

自從孩子有了自我意識，他就擁有了各式各樣的情緒，也有可能產生叛逆的情緒，加之父母可能在孩子叛逆敏感期時沒有正確地引導和溝通，則會導致叛逆表現得更明顯。

一般情況而言，每個孩子都會經歷叛逆期：2 歲左右會經歷「寶寶叛逆期」，6 到 8 歲是「兒童叛逆期」，12 到 18 歲是我們熟知的「青春叛逆期」。在這些階段，如果父母可以真正做到尊重孩子、與孩子平等交流溝通、懂得傾聽孩子的心聲，孩子的叛逆可能不會那麼明顯。如果父母在孩子叛逆期時處理不當可能會對孩子帶來長久且不可逆的影響。

其中最令人擔憂的就是叛逆拒學敏感期。孩子從上學開始，拒學情緒可能會隨時出現。特別是叛逆期時尤為明顯，往往很多父母對這一情況束手無策。拒學是什麼？其實它也是一種情緒的表現，對待學習始終無法提起興趣，而且常常以消極甚至一些極端的方式表達情緒。

孩子拒學後可以明顯看出他對學習已經不上心了，對待老師的責備更是極度反感，甚至採取一些極端的做法，如不寫作業、故意找老師麻煩等。還有一部分孩子已經產生生理反應，如上課打盹、看書犯睏等。此時，如果父母想去引導干預，他們可能會一言不發，或者故意轉移話題，更有甚者會大發脾氣。

如果孩子已經出現這種情況，父母就要重視起來了。因為此時孩子已經無法自控，最重要的是找到孩子拒學的根本原因，有針對性地去處理。

我曾經的一個學生，以前學習一直很好，與老師、同學相處得也很融洽，但是自上初三以後，他就像變了一個人。上課開始打盹走神，下課與同學打打鬧鬧，回宿舍偷藏手機、煙、酒等，我曾經與他的父母就此問題溝通過，他父母的回應並不積極。直到有一天，他以上學為由偷偷離家出走了，父母才意識到問題的嚴重性。

幾經輾轉在火車站找到了他，可能是出走的經歷與想像並不契合吧，他見到我們的第一句話就是：「我錯了，我再也不這樣了。」但是，簡單的認錯並沒有改變他對待學習的態度，他的父母向我求助，因為他回家後就跟父母鬧著不想上學了。

翻閱他之前的成績冊，又詳細詢問了他的父母後，我終於找到了答案。他升入初三後，學校班級進行了大調動，與他要好的幾個朋友都被分到了其他班，他覺得自己在班級中沒有朋友，十分無趣。之後，模擬考試受心情影響，從年級前十退到了前五十名，父親為此對他大罵，還問他是不是因為早戀影響了成績；母親不但沒有從中勸解，甚至還將他日記中的心裡話拿出來當作證據來指責他。

父母的打擊讓他覺得世界上沒有人了解他，學習成了他的枷鎖。他看到初中出去打工的夥伴回來時很光彩，社會上很多人活得很瀟灑，於是他開始萌生了退學的念頭。之後，又引起了一系列連鎖反應，拒學導致成績下降，父母變得急躁，他因父母的急躁也變得焦躁。

了解了問題的根源後，我與他的父母進行了長談，告知問題所在，他的父母表示會與老師好好配合，轉變孩子的思想。經過一段時間的努力，他找到了正確的方向，最終以優異的成績考入了市重點高中。

其實，沒有哪個孩子是天生討厭讀書的，他們從幼兒時期開始就對世界充滿了好奇，對知識充滿了渴望，而那個將孩子好學之心剝奪的正是父母的教育方式。大家應該聽說過「入園焦慮症」吧？很多孩子最初上幼兒園時會哭，那是因為他們缺乏安全感，處於幼兒叛逆敏感期的他們，因為幼小無助，所以只能用哭鬧來宣洩他們的情緒。

對於此時的孩子來說，媽媽的話語、擁抱等都可以緩解他們的焦慮。比如，媽媽在孩子入園前對孩子描述一些好玩的事，不要說一些威脅恐嚇的話。「在幼兒園不可以打鬧，不然老師會處罰你。」、「不要隨便跑出幼兒園，外面壞人很多。」、「你再不聽話就把你送幼兒園了。」諸如此類的話，會讓孩子對幼兒園產生一種牴觸心理，甚至他們會想像：上幼兒園就是媽媽不要我了。成人進入陌生的環境時還會覺得不自在，更何況一個孩子呢？

再比如，可以與孩子共同約定時間，告訴他在幼兒園要乖乖的，等太陽跑到房頂上面時媽媽就會來接你。給孩子一個期盼的點，就是給了孩子安全感。

除了幼兒，小學生及青春期的孩子更容易產生拒學情緒，環境的轉變、學習難度的增加、父母的情緒等都有可能成為孩子產生拒學情緒的根源。有些父母常常抱著「沒有壓力就沒有動力」的想法對孩子施加壓力，對孩子的要求十分嚴格，常常與孩子的同學、朋友的孩子、鄰居的孩子等做比較，自以為這樣就能為孩子樹立榜樣，增加學習動力，殊不知這種高標準的要求極有可能讓孩子產生叛逆拒學的心理——「既然我不行，那我就不行給你看。」

「沒有壓力就沒有動力」的想法是正確的，主要問題就是父母如何對孩子施壓。訓斥、比較等都不是最好的方法，最有效且實用的方法就是走進孩子的內心，發現他們的興趣，正面引導孩子去發現學習的快樂。

正面的壓力，孩子可以用雙手帶動整個身體扛住，而側面的壓力，孩子則會在無意識的情況下被打倒。孩子拒學並不可怕，可怕的是明知道孩子的拒學情緒在一點點累積，卻無法在第一時間找到原因。當孩子發展到無法自控時，再去排解那就晚了。

以成績論英雄，是在埋沒孩子的潛能

教育改革一直在提的一個詞叫「核心素養」，核心素養是什麼？指的是孩子成長過程中需要具備的，能夠適應終身發展和社會發展需要的必備品格和關鍵能力。也就是說，教育的目的並不是簡單的知識儲備，而是讓孩子在學習過程中將知識學以致用，在學習過程中培養思維能力，在學習中做到品格的健全。

但是，現在還有很多父母並沒有弄清孩子學習的目的，還是簡單地拿成績來論英雄，殊不知一張考卷中裝了多少偶然性，一張考卷又怎麼能評判出孩子的能力呢？

我們先來看看成績的由來吧。教育改革之前，主要是以知識掌握程度評價學生的好壞。在應試教育的驅使下，學校和家長很長一段時間都在以分數論英雄。於是，人們習慣於將成績的高低與孩子的能力直接掛鉤，覺得成績好的孩子就是優秀的，是好孩子。

其實，成績所檢測的只是孩子近段時間內對所學知識的掌握程度，如果父母總以成績作為評價孩子的唯一標準，就會忽略孩子身上的其他優點。特別是兒童進入拒學叛逆敏感期之後，父母的這一評價原則會讓孩子對學習產生負擔，甚至會成為誘發孩子拒學情緒的原因。

我有一個學生，課業成績很好，就是老師、同學及父母眼中的優秀生。看了她的成績後，我對她的第一印象也特別好。但是，她來我們班一段時間後，我便發現了這個孩子身上有著很多問題。

比如，課上小組合作討論時，她一言不發，時不時還會以輕蔑的眼神瞟向發言的人。但是只要老師一到她們小組旁邊，她就開始搶著說話，還特意將聲音提到最高。

再比如，她一直要求父母車接車送，從來不坐校車。如果父母有事不能送她來學校，她便以不上學做要挾，而且她常常跟同學說：「我這麼聰明，你們都得聽我的。」

再如，她的想法也很特別，美術老師要求她畫畫，她會說：「我將來不學美術，我也不感興趣。」體育老師讓她長跑時，她會說：「功課不好的人才賣那種力氣，我只要成績好就夠了，升學又不考體育？」

……

諸如此類的例子舉不勝舉。驕縱、蠻橫、自私、有心機等，我覺得所有不應該出現在一個國中生身上的問題她都有，而與她父母溝通時得到的回應是：「我們孩子只要功課好就行了，沒有什麼大不了的。」聽到這話我不由得感嘆，學校尚且關注學生的品德教育，為何家長對於自己的孩子卻只以課業成績這一條來評價呢？

不能否認這個孩子的智商很高，但將來立足於社會所依靠的並非單單是智商呀。如果說老師需要提高教育品質、需要關注成績，那麼父母更需要關注孩子個體的成長呀！

個體的成長才是父母更應該關注的問題。最近的探討之中，越來越多的父母已經明白這個道理，過分關注成績，或者總是施加壓力、暗示孩子一定要考高分等對孩子來說是極不公平的，長久下去，必定會產生反抗心理，甚至會影響親子關係。所以，父母要了解孩子的想法和興趣，培養孩子的生存能力，關注孩子是否有健全的人格和正確的觀念更為重要。

很多年前，我們班有一個成績中等偏差的孩子，姑且叫他小松，很是調皮。但是班上的同學都很喜歡他，很多孩子在遇到心情不好或者家庭矛盾時都會與他聊一聊，曾經我聽到他勸解一位正與父母鬧彆扭的同學。

那位同學最近很煩躁，因為媽媽偷看了他的日記，發現他喜歡上了同班的一個女孩，爸爸因此對他大發脾氣，本來是通勤上下學的他已經住校三天沒有回家了。這件事對於一個青春期的孩子來說煩躁是很正常的，他的隱私保護意識在增強，青春期愛的衝動也已經萌芽。

我以為小松聽後會嘲笑他，或者與他一起吐槽父母管太多。但是沒想到小松卻說：「我覺得你應該和父母好好溝通，其實就是你們彼此溝通少，你媽媽才會偷看你日記本的，而且你現在因為這麼點事就住校，他們在家一定很擔心。」

我不由得感嘆小松的觀念非常正確。這時小松又說：「我也覺得你現在不適合談戀愛呢，你的自制力不夠好。如果你們一起努力考一個高中，一個大學也行，但是你這性格有可能談了戀愛就影響到課業，那以後人家考上了，你考不上，你們還是不能在一起，你多慘阿。」

那位同學點點頭，又故意跟小松開玩笑似的說：「你的成績差，你也找個成績差的，你倆都考不上，那國中就直接畢業回家結婚得了。」

小松也笑著說：「我這成績是偏科造成的，但我還是蠻擅長文科的，我都想好了，我將來上高職，選擇一個我喜歡的科系，然後科大。也許你將來還不如我呢！」

聽完小松的這段話，我覺得這個孩子被他父母教得很好，觀念正確、思緒清晰，不悲觀、不怯懦，而且他對自己的未來有著清晰的規劃，有目標的人怎麼會不優秀呢？

小松在畢業時對我說：「老師，我的爸爸媽媽從來不會因為我的成績不好就覺得我是個壞孩子，他們買了很多書給我，為我的將來操了很多心，而且他們支持我的每一個選擇。最重要的是老師，您和我的爸媽一樣，從來不會因為我成績差就把我留在最後一排，謝謝您。」

現在，小松的目標已經實現了，他順利地考上了理想的大學，主修了他最喜歡的動畫，現在就職於跨國大企業，負責企劃營運，相信將來他一定會發展得更好。

雖然古語說「三歲看老」，但孩子就像未雕琢的璞玉，先天條件只決定了其形，後天的雕琢才是決定其價值的關鍵。因此，不要總以孩子的一時成績來判斷孩子的成敗，重要的是孩子有多少潛能被埋沒。

你可能會發現，一個孩子的成績與審美無關，一個孩子的成績與情商無關，一個孩子的成績與觀念無關，一個孩子的成績與品格無關……而這些無關的項目也許就是決定孩子未來的重要指標。每個孩子身上都有亮點，如果父母不去發掘，誰又能給孩子一個機會呢？發掘孩子的優點，培養、發展這些優點，你會發現原來自己的孩子是這樣的優秀。

孩子沒有讀書動力，是因為缺少內在驅動

孩子從出生開始，對外界就充滿了好奇，他們用各種感官去了解這個世界，還記得那個嬰兒時期總想將各種東西都含在嘴裡的娃娃嗎？還記得剛會走路就開始模仿別人走路的寶貝嗎？還記得那個總跟在你後面問這問那的孩子嗎？他們對探索世界充滿了熱情，但是為什麼到了給他們充裕時間學習的時候，他們卻沒有了那份熱情呢？

其實，無論是孩子還是成年人，對一切的未知都是有探索欲望的，之所以會丟失這份熱情，追根究柢，還是受內在驅動的影響。舉一個例子，有一項技能好多人都在學習，你也想嘗試學習，但是工作很忙，生活又很繁雜，你總覺得自己沒有時間去學，就把這件事拖延下來了。但是，你突然接到一個資訊，學習這項技能之後可以升職，那你就有可能抽出時間來學習。升職就是你內心的驅動力，學習熱情也由此驅動力產生。

再來看孩子，他們學習熱情的內在驅動力源於什麼？對於小學生而言，他們不懂得大學、工作和社會，他們也並不明白學習文化的重要性。在一次調研中，當問起小學生你為什麼要學習時，得到了如下答案：

「我為了讓爸爸媽媽高興。」

「我長大想當科學家。」

「我想得到獎勵，我要做好學生。」

……

這些孩子是有內在驅動力的，但他們的內在驅動力並非是由心而發的如成年人那般對未來的規劃。這些孩子是有學習熱情的，他們的內在驅動就來自父母、老師等潛移默化的影響和良好的教育。

說「為了爸媽高興」的孩子一定是看到了自己表現好時父母十分高興，或者平日父母常常用「你努力學習爸媽就很高興」之類的話來教育孩子，而且這個孩子的父母平日的教育一定是讚賞多於責罵。

說未來理想的孩子一定是受到了職業的暗示，也許父母曾經特意地對他進行過引導，比如帶他去科學館等；也許他從某些圖書中了解到了科學家的偉大而心生羨慕。總之，這個孩子的內在驅動力是在受引導下而自發形成的，嚴格來說比第一個孩子的驅動力形成得更為堅固。

如果同樣的測試問不同年級的學生得到的答案也不會相同。但是無論哪種回答，我們都可以從中發現有學習熱情的孩子心中一定會有一份驅動力在，而對學習產生厭煩的學生驅動力一定是薄弱甚至不存在的。

那麼，怎樣才能讓孩子心中擁有這份驅動力呢？這還是要依靠父母、老師及社會的良好指導。對父母而言，與孩子之間的關係十分親密，孩子會受到父母言行的影響，這就是為什麼古人會有「龍生龍，鳳生鳳，老鼠的兒子會打洞」的說法。如果父母平日的言行中透出的訊息為學習是很重要的，那孩子一定會覺得學習很重要。

當然，這個言行透露並不是指反覆說教。要知道，無論哪個年齡的孩子都會有自己的思想，而內在驅動力雖然受外界影響卻也需要內心自主產生，不能被動接受。不同年齡層的孩子，他們的自我意識也不同，父母要在孩子不同的年齡層給予符合年齡的正確教導，這才是成就孩子的關鍵。

在小學低年級階段，興趣還是第一要務，「樂學」要遠遠大於「好學」。但是，孩子的好奇心是瞬間的事，如果父母抓住這一瞬間的原動力，將其放大，使孩子的好奇心得到滿足的同時也激發了更大的好奇，當好奇成為興趣時，孩子的內在驅動力便產生了。

還記得學生時代的物理、化學科目吧？這些課程最初進入課堂時就是以實驗為主，激發學生的探索興趣，這就成了學習這一學科的內在動力。當然，還有一些孩子的內在動力很特別，如老師對我好、這科作業留得少、老師說話很有趣等。對於這些動力父母也不用否定，無論哪種驅動力都會引起孩子對這一學科的喜愛，也會使孩子將這一興趣保持下去。

但是，到了小學高年級或者中學階段，在興趣的基礎上一定要給孩子找準自我定位的機會，要讓孩子明白一個道理：學習是為了自己，並非為了別人。

之前有個孩子小學時數學成績一直很差，但自從升入中學，他的數學成績一路飆升。當問起他為什麼會取得這麼大的進步時，他的回答竟然是：「我們數學老師從來不會看不起學習不好的學生。」

由此回答推想，他在小學時可能因為成績差被老師罵過吧，其實學校教育就是這樣，當一個孩子對老師產生牴觸心理時，那這個孩子的成績一定好不了，原因是什麼呢？就是因為孩子年齡雖然增長了，卻沒有把興趣轉化為以自我發展為中心的內在驅動力。

我們也常常聽到一些孩子說「我就不給他考好」之類的話，成年人會覺得孩子很可笑，學習又不是為了老師，你不考好又能怎麼樣呢？這類孩子的內在驅動力自建立之時就是錯誤的。

所以，建議父母在孩子興趣的基礎上正面引導孩子開發內在驅動力。比如，按照孩子的興趣點給予一定的引導，可以帶孩子去參觀博物館，去看相關名人紀錄片……等等，並時時鼓勵不要打擊。在孩子學習內在驅動力的開發上，父母一定不要偏激，逐步進行，切記不要打擊，孩子在成長過程中，雖然叛逆期只是那幾年，但事實上孩子可能會不時地出現叛逆的特徵，而打擊一定是最容易觸發的誘因。再次強調，孩子的學習熱情源於興趣，發展於周邊的肯定與鼓勵，形成於自我意識的爆發，從心建立的內心驅動力才會更長久、更穩固。

孩子聽課聽不進去，這樣提高他的專注力

教育改革之後，教師一直花費心思去改變課堂教學方式，將課堂變得多彩起來，使學生的聽課效果更好，提高課堂效率。為什麼如此花費心思將課堂教學變豐富呢？其實還是為了提高學生的專注力。如果孩子聽課聽不進去，再高明的老師也無法改變課堂教學效果差的事實。

很多家長不明白，為什麼自己家孩子這麼努力了成績總上不去，也不明白為什麼別的孩子知道的事情，自己的孩子卻會說「老師沒說」，其實他沒有撒謊，也並非教師沒說，而是他真的沒有聽到老師說。

在年終總結報告中，我總結過一年的諮詢情況，發現諮詢上課走神的尤其多，那麼為什麼孩子的專注力如此差，上課總是分心呢？仔細觀察就會發現，孩子上課聽不進去源於他的注意力、專注力差，而這個差的形成追根溯源還是家庭教育與環境的問題。

大多數上課精力不集中的孩子，大部分是小時候時常被打斷的那批人。簡單來說，就是在孩子專注力形成的初級階段，還不夠專注的時候，身邊總會出現一個打擾他的人。比如，孩子正玩得高興，媽媽跑上前來說：「來，寶寶喝口

水。」再如，孩子專心看卡通片時，奶奶突然上前抱起孫子親了一口；或者孩子正在商場專心挑選玩具呢，爸爸跟在後面一下子推薦這個，一下子推薦那個。

很多情況下，正因為在孩子專注力形成的關鍵時刻，身邊的人卻做著打斷孩子專注力的事情，導致孩子專注能力下降，表現為沒有耐心、堅持力不足、上課效率差等。那麼，如果孩子上課無法專心，我們又可以用什麼樣的方法去彌補這一不足呢？其實，方法有很多，重點是父母需要篩選適合自己的，不能照本宣科地實施。

有個著名的「糖果實驗」，我也曾經在我的班級中做過同樣的實驗，只是稍微改了下實驗方法，我需要測試孩子的專注力可以用什麼方法來延長。

實驗一，我將班級中成績不相上下的 20 個學生分成了兩組，播放同樣的教學影片。不同的是，甲組沒有語音提醒，乙組有語音：「請注意聽講」。結果，甲組的學生在沒有老師監督的情況下，10 分鐘左右就出現一個走神的人，實驗結束時發展到 6 個人；而乙組雖然過程中有同學將要走神，但是透過間隔性的老師語音提醒，實驗最後只有 1 人走神。

由實驗可以看出，孩子上課效率差，注意力不集中的現象是普遍存在的，但是經過提醒，孩子還是可以很快恢復到聽課狀態的。如果孩子上課精神不集中，父母可以與老師溝通，請老師上課時多觀察，不時地提醒。

實驗二，同樣將 20 名學生分為兩組，準備兩段同樣內容的影片，只是講解方法不同。甲組播放的影片生動有趣，乙組的影片只有老師正常講解。實驗結束時，甲組同學始終專注聽課，而乙組同學大約 10 分鐘後就出現了第一個不聽課的人，直到實驗結束，有 8 個同學被打敗。

此實驗說明了興趣的重要性，孩子上課注意力的集中與否與興趣有很大關係。如果孩子因為這種原因丟失了注意力，父母就要從內心驅動力去教育孩子了，激發他的學習興趣，讓他正確了解學習的重要性，從內心出發，愛上學習。

最後一個實驗同樣將 20 名學生分為兩組，第一組在大教室上課，第二組在有隔板的小教室上課，教師透過電腦直播同樣的內容。結果發現，在大教室上課的孩子上課的效率較差，而單人單桌的小隔板教室的學生注意力較集中。

從最後一個實驗可以看出，孩子的學習是受學習氛圍影響的，一個好的學習氛圍將成就更多的孩子，而當孩子處於不良的氛圍之中，依照「近朱者赤，近墨者黑」的原理，他也極容易受到環境的影響。所以，大教室中的孩子更容易受到身邊孩子的影響，只要有一個走神聽不進課的，其他同學必將受其影響；但小教室單人單桌，不會受到太多的內部干擾，所以才容易找到真我，在內心學習動力的驅使下，走神的機率就會小很多。

當然，如果你的孩子還是聽不進課，無法集中注意力，就要了解原因了。父母與孩子的正確溝通有兩個原則——尊重和鼓勵。尊重孩子的想法，孩子雖小，也會有內心活動。當孩子告訴父母上課無法聽進去的原因後，無論你是怎樣震驚，也不要表現出來，還是要以鼓勵為前提。你要明白，孩子告訴你是出於信任，而不是讓你評判，更不是給你訓斥孩子提供機會。

了解孩子上課聽不進去的原因後，父母就要有針對性地開始引導了。鼓勵孩子，幫孩子克服心理問題，與學校進行溝通，請老師對孩子適時提醒，這才是糾正孩子聽課問題最簡單可行的辦法。

孩子一考就差，首先要治癒他的考試恐懼心理

生活中，我們還可以看到一類孩子，他們平日學習狀態很好，但是一到考試就不行了，不僅會考前焦慮，對考試產生恐懼心理，甚至一考就差，如此反覆，越是考不好便越怕考試。久而久之，如此循環，孩子必將進入拒學叛逆的狀態。因此，孩子的考試成績出了問題，需要最先治癒的一定是孩子對考試產生的恐懼心理。

記得學生時代，有一段時間我每逢期末測試就會發燒。那段時間，我每個期末考試都是吃著退燒藥去考的。雖然最終的考試成績沒有那麼差，但是也無法與平日的表現相比。

為此父母與我談過，爸爸也一直說我考試發燒是不是嚇的。其實現在想來，無非是複習期間強度比較大，我又不是一個那麼能抗壓的人，所以便由心理到生理發生了變化。當時，為了改善我的狀況，在考試之前媽媽陪我休息，爸爸會講各種笑話給我聽。果不其然，從那一年開始，我考試前就沒有再發燒了。

考試焦慮症是一種心理障礙。在我的考前焦慮症出現後，我的父母透過考前一起互動的親子時光，使我慢慢調整好了自己。近年來，考前焦慮症出現在越來越多的考生身

上，它也直接影響了考生的臨場發揮能力和心理健康，這怎麼可能考出好成績呢？那麼，你知道為什麼孩子在考前會有恐懼的感覺嗎？

首先，這是由心理因素導致的，也就是我們常說的心理素養差。因為考前緊張的複習生活，導致孩子的情緒處於不穩定狀態，孩子是無法調節自己內心的，如果這時父母還在說「一定要考好」、「你得考個好成績才對得起這半年的複習阿」等這種對孩子施壓的話，就等於雪上加霜。

其次，不健康的用腦。很多父母在孩子考試前也變得十分緊張，只注重孩子的學習，不注意孩子的休息。甚至考前有些父母在孩子的飲食上出現極端的做法，要麼讓孩子使勁地吃，什麼有營養吃什麼；要麼就不注意孩子的營養，飲食營養跟不上體力付出。總之，這種不規律的生活也會讓孩子對考試產生恐懼心理。

以上都是孩子可能出現考前恐懼的誘因。除此之外，運動量、情緒等也會誘發孩子產生恐懼心理。那麼，如果孩子已經產生了恐懼心理，該怎麼辦呢？

輕車熟路不著急。

父母一定要讓孩子明白考試是怎麼回事，熟悉考試的流程及目的，其實考試只是檢驗近段時間內孩子對知識的掌握程度，而並不能以一次成績就論輸贏。父母可以以此鼓勵孩子，考試之前做好充分準備，雖然考試不分勝負，但是可以利用這次機會熟悉自己的優劣勢，展現自己。

要樹立自信心。

其實，人之所以會有考試恐懼症或焦慮症，追根究柢還是自信的問題。

一個具有良好心理素養的人從來不會因為外界的一些波瀾而受到影響。人的內心都是對客觀現實的主觀反映，如果你對本次考試信心十足，又怎麼能因為恐懼而無法發揮出正常水準呢？還記得沙漠中半杯水的故事吧？樂觀的人看到半杯水，會高興地說：「哇，幸好還有半杯水。」而悲觀消極的人一定會說：「怎麼就剩下了半杯呀！」

所以，將考試看得平淡些，以正面的心態等待考試，這樣才可以在考試中積極應對各種題目及考試過程中需要面臨的其他因素，消除內心中不必要的顧慮和擔心。無顧慮之下，考試就會變得更輕鬆。

最後，需要明確一點，當孩子拿回一份讓你感到失望的成績單時，也不要以「翻舊帳」的方式訓斥孩子，這樣會讓孩子在下次考試中產生心理負擔，長此以往，孩子的心理負擔會轉化為拒學、怕考試等心理問題。

其實，現實生活中不少家長總喜歡「翻舊帳」。當孩子犯錯時，就會牽扯出之前一堆的錯處，父母就像是拿到證據、抓到把柄一樣訓斥孩子，我們暫且不說孩子是不是會產生拒學情緒，這種行為方式教育出來的孩子必定也學會了這種思維方式，這些對孩子的成長是十分不利的。

看一看現在的社會新聞，現在孩子的心靈是多麼脆弱，多少孩子因為一張考卷上演了一樁樁慘案呀。某地女生因成績差被家長責罵後離家出走，找到已經成了屍體；某地女生因考卷中老師多減了幾分，從 15 樓跳了下去；某地學生因為宿舍室友嘲笑他考試成績差，結果在畢業時將兩位室友打傷……這些事實都在告誡我們，成績不能決定什麼，重要的還是健全人格的發展。

莫以一時論英雄。父母與孩子也要多一些交流與溝通。孩子的心靈很脆弱，在沒形成正確的價值觀前父母的影響就顯得尤為重要。

電子書購買　　爽讀 APP

國家圖書館出版品預行編目資料

破解幼兒「敏感期」，讀懂行為背後的需求！感官訓練 × 情緒釋放 × 情感認知 × 強化記憶……循序漸進的早期教育，塑造健全人格及全方位潛能！ / 柳豔麗 著 . -- 第一版 . -- 臺北市：樂律文化事業有限公司 , 2025.01
面；　公分
POD 版
ISBN 978-626-7644-13-3(平裝)
1.CST: 兒童心理學 2.CST: 兒童教育 3.CST: 兒童發展
173.1　　　　113020282

破解幼兒「敏感期」，讀懂行為背後的需求！感官訓練 × 情緒釋放 × 情感認知 × 強化記憶……循序漸進的早期教育，塑造健全人格及全方位潛能！

臉書

作　　者：柳豔麗
責任編輯：高惠娟
發 行 人：黃振庭
出 版 者：樂律文化事業有限公司
發 行 者：崧博出版事業有限公司
E-mail：sonbookservice@gmail.com
粉 絲 頁：https://www.facebook.com/sonbookss/
網　　址：https://sonbook.net/
地　　址：台北市中正區重慶南路一段 61 號 8 樓
8F., No.61, Sec. 1, Chongqing S. Rd., Zhongzheng Dist., Taipei City 100, Taiwan
電　　話：(02) 2370-3310　　傳　　真：(02) 2388-1990
律師顧問：廣華律師事務所 張珮琦律師
定　　價：399 元
發行日期：2025 年 01 月第一版
◎本書以 POD 印製